中国政治的细节

一个县的减贫治理

周鑫宇——著

中国人民大学出版社

· 北京 ·

自　序

　　我曾经写过一本书《中国故事怎么讲》，描述了世界对中国的看法，以及中国应该如何向外界说明自己。在写那本书的时候，我就下定决心要写一本新的书，专门向世界说明中国的政治。众所周知，世界对中国政治的看法相当复杂，其中包含着尖锐的观点。因此要用多数人能接受的方式说明中国政治，就需要选择容易让人产生共鸣的题目来切入。减贫治理恰恰是观察中国政治的绝佳窗口。不管各国政治观点如何不同，减少贫困是一致的政治责任，也是联合国2030年可持续发展议程提出的第一项目标。在这样的议题上，人们更容易抛开政治观点的分歧。此外，减贫是一项综合性的治理工程，可以很好地展现中国政治多方面的样貌。

但即便是探讨减贫问题，我们也仍然面临政治观点的影响。许多西方国家把中国的政治制度判定为"威权主义"，因而中国就算实现了有效的治理，也是威权主义式的治理。就像在遏制新冠病毒传播问题上一样，中国的成功治理似乎总是带有某种政治"原罪"。

这种僵化的政治思维是有害的。在世界上那些被西方判定为威权主义制度的国家，有的实现了很好的治理，有的则治理失败。在被西方判定为民主制度的国家也是这样。[①] 与此同时，就连在西方发达国家内部，贫困问题也日益凸显，成为困扰美国和一些国家的主要政治话题。这证明政治制度和有效治理之间并不存在简单的因果联系。西方明智的理论家已经看到了这一点，但还没有很好地解释这一点。

因而这本书的主题实际上指向了一个具有挑战性的问题：治理是如何在中国政治中实现的？这个问题的答案不但和中国相关，也具有世界性的意义。但要回答它，我们需要从具体的案例入手。我选取了山西省岢岚县的减贫治理作为分析的样本。在各章中，我展示了 5 年间多次田野

[①] 科利尔. 战争、枪炮与选票. 吴遥，译. 南京：南京大学出版社，2018：20－24.

调查所观察到的事实。

第一章首先介绍了岢岚县域减贫的基本情况，分析了产生贫困的根源，探寻了苛岚脱贫成功的原因。这些内容会让读者心生疑问："减贫治理的普遍经验是如何在中国政治制度中得以实现的？"

在第二章中，我们开始进入村庄，观察减贫治理中的村庄政治，考察国家政策如何通过村民自治和本地组织行为转变成为村庄的集体政治行动。在村庄这个微观的政治舞台上，我们会发现中国政治不为人们所熟知的许多方面。

第三章聚焦于村庄减贫中的一股特殊力量，考察中国共产党派出的驻村工作队和第一书记如何融入村庄，从"外来精英"变成"内部精英"，并决定性地推动村庄政治的改造。这一章像其他章一样描述事实和客观分析，但格外牵动许多读者的情感。

第四章分析县域层面的治理活动，展现了县域党委和政府如何把本地干部调动起来，重塑县域经济结构，并向村庄和村民赋能。对县乡基层政府的了解可丰富我们对中国政府的认识。

第五章描述的事实发生在更广阔的国家舞台上，分析了国家政策是如何制定、传导和落实的，以及国家如何为减贫提供公共产品。这也给读者提供了一幅更宏观的图景。

第六章系统地总结全书的观点，并尝试以中国减贫治理为案例，提出新的理论框架。

本书主要的结论包括：

第一，政治治理需要在一种漏斗型结构中实现。中国减贫治理是在那些深度贫困村庄中完成的。国家政治、县域政治和村庄内部政治等多方面共同发挥作用。每一个层次上的政治活动都不可或缺，又不尽相同、彼此联系。这证明治理是在复杂的政治系统中发生的。分析国家政治制度的方法——比如关于威权和民主的理论——大多聚焦于国家层面，因而并不能完整解释与治理相关的政治过程。中国在脱贫攻坚中成功构建了一套复杂的治理系统。我们有必要对此提出新的解释框架。

第二，无论在哪个层次上，治理都需要在复杂系统中推动集体政治行动。在这些系统中，政府、企业、社会组织、民众等多种力量共同参与了治理。如何把这样复杂的治理系统管理起来，是世界性的难题。在中国减贫治理的各个层次上，我们发现了政府"看得见的手"如何推动复杂系统中"看不见的手"以形成政治秩序。也就是说，治理是"有意识的设计"和"自发解决"相结合的结果。① 全书各章展现出的许多事实都在印证这一点，而这些事实多多少少超出了外界对中国政治的一般想象。

第三，中国减贫治理背后有和其他国家不同的制度特点。中国共产党在统合整个治理系统中发挥了特殊作用。要理解这种作用，就要超越世界上普遍存在的、对于中国共产党的刻板印象，包括其中一些态度中性的看法，比如认为中国共产党只是"掌握政府权力"的政党。中国共产党在治理中所扮演的角色，不只是加强了政府的力量，也加强了社会的力量，并把政府和社会的治理力量统合起来。

这些观点试图回应全世界在治理中面临的一些主要问题，并且希望以中国的案例形成一种学术对话。这些观点是从中国一个县的减贫治理中提炼出来的，但对在更大范围内思考政治和治理的关系或有启发意义。我在书的最后较为系统地阐释了相关的理论发现，有兴趣的读者可以带着这些理论视角从头开始阅读。

研究常常如同盲人摸象，在一定的时间节点上总是难以令人满意。除了理论观点之外，这本书包含了许多生动

---

① 伊斯特利. 威权政治. 冯宇，邓敏，译. 北京：中信出版集团，2016：22.

的事实。事实本身引人入胜，也会促发读者产生比作者更具创造力的思考。中国读者和其他国家读者一样，渴望知道我们这个国家是如何消除最后的赤贫的伤疤、走向更平等和美好的社会的，为什么我国拥有超出外界想象的治理能力，以及中国的治理可以给世界带来什么启示。这本书始终用与世界对话的眼光来讲述这些问题，但愿它能为读者带来一些与众不同的裨益。

周鑫宇

2022 年 3 月

目 录

第一章

山县之谜

1 神奇五年

　　岢岚县坐落在中国北部的群山之中。这些山脉和地球表面其他壮丽的山脉一样，绵延不绝，让旅行者迷恋。人们沿着山间的公路旅行，总会在山谷里发现人类的居住点。中国北方山区的村庄和欧洲、美国、日本的一样，通常依傍着谷地和河流。但在远处你很容易察觉到它们的不同。受到东亚季风气候的影响，中国北方的山地在冬季是荒凉的土色。坐落于山间的村庄则与这荒凉的颜色融为一体。长久以来，多数的房屋就地取材，利用泥土和砖石按照最简陋的方法搭成，许多当地居民甚至住在山崖边挖掘出的窑洞里。外来的旅行者常常需要停下车在山谷间仔细观察，才会惊讶地发现不远处就坐落着一个村庄，简陋的屋舍与苍茫的大地浑然一体。即便是在夏季，也不要把这些村庄想象为葱翠的阿尔卑斯山脉或者落基山脉中间宁静的村镇，它们更接近阿富汗、伊朗高原和叙利亚北部等欧亚大陆腹地干旱山区村落的样子。

如果旅行者走进这些村庄，通常会面临更大的挑战。在阿尔卑斯山脉中的绝大多数村庄，旅行者都能够很容易找到补给——连锁超市、快餐店，干净的厕所，还不错的旅店。很多小镇有特色浓郁的建筑，与周围迷人的山景结合起来，让人流连忘返。但直到最近的革命性变化发生之前，在以上多数方面中国北方的村庄都恰恰相反。一般来说，村庄没有基本的服务业。村民唯一的生计就是从事农业劳动。如果村里的男人恰好没有去种地或者放牧，他们常常会成群地蹲坐在村口的道路旁。这种日复一日的聚会使得他们彼此之间已经没有多少话说，更不会对外来者有什么表情和言语。与印度和非洲的贫困村庄不同——那些地区的村庄里有许多让旅行者印象深刻的孩子和少年，人们在中国乡村看到的多数都是老人，他们身上的衣着破旧，行动迟缓。这样的村庄处在历史性的赤贫之中，并在赤贫中历史性地衰老，没有活泼的生机。

对发达国家的旅行者来说，最难以适应的也许是厕所。长期以来，中国贫困乡村的厕所和多数发展中国家的厕所一样，只有简陋的围墙和便坑，常常没有真正的屋顶，更没有马桶。在这些厕所的附近，垃圾堆围绕着村庄，再加上村舍旁露天搭建的猪圈、牛棚和鸡窝，共同制造出难以忍受的气味。长期以来中国赤贫的农民对这样的环境茫然不顾，也无力改变。村民们只希望自己的孩子能够读书，学习一些适应城市生活的技能，离开这样的环境。通过教育脱离贫困，在中国是一个延续千年的观念。在最近几十年的快速城市化浪潮中，稍有知识和劳动技能的人多已离开乡村，留下那些年迈、失能和家境最困难的人。这让肮脏难闻的厕所、垃圾堆和街道更加没有被改造的希望——甚至似乎没有改造的必要。

这就是岢岚县所在地区长期以来的状况。这个县全境遍布巨大的山脉，2015 年有 8 万多居民零零散散地居住在大山中的 332 个村庄和几个稍微大一些的市镇中。按照当时中国的贫困线计算，岢岚县贫困人口的比例达到 31.8%。[①] 在很长的时间里，这个县的村庄几乎无一例外都是我们上面所描述的那个样子。与中国其他地区的农村比起来，这里的村庄属于发展最落后的一批。最近几十年来，中国多数的农村地区已经有了一些相对富裕的家庭。识别

①　见岢岚县文件：《岢岚县脱贫攻坚工作情况汇报（立足脱贫　着眼小康　衔接振兴）》，2020 年 4 月 2 日。

他们的标志是村庄中贴着简易装饰的自建小楼。但也许是由于地理位置偏僻、环境恶劣，直到 2015 年为止，岢岚的村庄中都几乎看不到富裕农民自建的楼房。这里的多数村庄都像过去 1 000 年一样低趴在苍凉的黄土之中。其中有116 个村庄，村里所有的人都生活在贫困线之下。这里是贫瘠之地，也是无名之地。在很长的时间内，这些村庄被外界的援助所忽略。来自世界银行的援助项目和中国富裕城市的青年志愿者多数都涌向了更有名的贫困地区，比如中西部的西藏、新疆、贵州和几个著名的革命老区。岢岚是中国最后遗留下的贫困地区中一个不起眼的角落。

到 2020 年，以上的描述已经成为过往记录。今天，外来的旅行者进入岢岚的村庄，已经看不到上面所描述的景象。对许多人来说，这里更像一个颇有魅力的乡村天堂。这个县域内近 200 个^①仍然有人口居住的村庄现在都有了全新建设的整洁街道、坚固的房屋、颜色协调的建筑屋顶和外墙。这些房屋不再同欧亚大陆腹地干旱山区的土建房屋大同小异，而是有了让人印象深刻的独特风格。这种风格就如人们在日本、韩国或者泰国等亚洲富裕地区看到的东

---

① 贫困村易地搬迁后，一些自然村被整合到一起成为新的行政村；有的村庄人口整体搬迁到县城里，原本的行政村不被保留，因此村庄数量变少。

方特色建筑一样，让旅行者有拍照和驻留的欲望。村民除了种地和放牧，还负责打扫村中公共区域的街道、修剪道路旁的花草，并因此获得额外的收入。他们不再成群地蹲在路边打发时光，而是穿上了带有反光标识的背心，兼职清洁员或者护林员。如果外来的旅行者把车停在了不该停的地方，可能会有当地村民走过来纠正。这也是他们新的工作。在村里看到的多数人仍然是老人，但也许是因为焕然一新的环境，也许是因为他们中的一些人有了新的繁忙的工作，这些村民看起来似乎也没有那么老迈了。他们的房屋和院落也不再像以往一样被农具、柴草和其他简陋的生活用具堆满，而是种上了花草和小菜。傍晚的时候，当一些老人打开自己的院门，开始整理自家花园里盆栽的时候，外来的旅行者会觉得这就是想象中的、让人羡慕的东方田园生活。

最让人惊讶的是这些村庄卫生条件的改变。现在岢岚县所有村庄都已经看不见前面所说的、四处散布的垃圾堆。村庄甚至已经实施了严格的垃圾分类。就算是识字不多的村民也在学习把家里的垃圾按照要求分类处置。村庄雇用的垃圾清理员——这也是一个新的工作岗位，每天会开着蓝白色的垃圾车，沿着村庄的道路收集各家的垃圾，监督和指导垃圾分类，再把全村的垃圾集中到村口的大垃圾桶里。这种大垃圾桶有一项独特的设计，就像两个大缸被填埋在地下，地面上只露出两个封闭的蓝色缸口。当垃圾处理公司的卡车到来时，这两个大缸里的垃圾会被装运到车上，送到县城的垃圾处理站。只有在装运的这一刻，你才能闻到垃圾的味道。此外，全县村庄的旱厕都经过了改造。新型的厕所是将两个瓮状的容器埋在地下，粪便污物在这些容器里会通过最经济的方式得到无害处理，避免污染环境。许多居民在新家的厕所里第一次使用上了蹲便器，还有一些人用上了冲水马桶。没有了垃圾和粪便污物，村庄里苍蝇和蚊虫大大减少。无论是在葱翠的夏季还是在苍凉的冬季，村庄都沐浴在清新的空气和透净的阳光之中。

这一切变化都是在 2015 年到 2020 年这 5 年内发生的。老实说，相比于发达国家的村民，现在这些村庄的居民还谈不上富裕。但到 2018 年，所有人的收入超过了中国政府所规定的最低收入线，不再被列入国家所认定的贫困行列。令人欣慰的是，在随后的 3 年时间内，这种收入水平的提升被巩固下来。到目前为止我们可以说，岢岚已经初步脱离了经济上最脆弱地区的行列。

在生产和生活的其他方面，这些村庄也还谈不上先进。

村庄的农民组织起来成立了合作社，努力让土地上的生产变得更有利可图。一些村庄尝试建立了民宿和饭馆，开始发展旅游业。但村庄的老龄化严重，劳动力依然缺乏，几乎无法靠村庄劳动力支撑起乡镇产业的发展。人口还在继续流出。放眼未来，许多村庄可能仍将不可避免地走向消亡。但在这个漫长的过程中，居住在这里的人有了新的营生，可以获得医疗和教育的机会。相比于 5 年前，许多人不再陷于赤贫带来的绝望之中，有了改变生活的激情，他们的生活也确实刚刚经历了前所未有的巨大改变。

岢岚是中国消除贫困的一个案例。它不是国家集中资源打造出来的一个样板，而是中国最后几百个同时脱贫的县中普通的一个。因为它普通，所以它的改变也具有代表性。一方面，岢岚的贫困是最典型的深度贫困。世界上绝大多数最贫困地区都能在岢岚身上找到相似性。另一方面，岢岚克服贫困的实践和中国其他地区同期的经历相似，其中很多方法还来自中国学习运用了国际社会长期积累的减贫经验。这使得我们可以以岢岚为例，说明中国深度贫困村庄的减贫是如何实现的。

2 贫困的"基因"

我们要理解贫困是如何被消除的，可能需要先理解贫困是怎么产生的。对于单个家庭和个人来说，产生贫困的原因有很多。但在涉及广阔的贫困区域时，我们可以把列夫·托尔斯泰的名言变一下：贫困的地区都是相似的，富裕的地区各有各的幸运。今天世界上的富裕地区各有所长。可是，世界上那些最贫困的地区，却往往因为相似的原因被抛弃在经济富足的门外。我们需要先花一些时间充分理解造成贫困的原因，才能说明减贫治理是在向什么样的命运发起挑战。

造成贫困的第一个"基因"是自然因素。自然对于农业生产具有决定性意义。数代人的城市文明生活让我们中的许多人对大自然的强大统治力开始渐渐淡忘。数十万年来，人类历史的主宰者是大自然，而不是人类自身。哪怕仅仅是因为当地缺乏适宜人类驯化的大型哺乳动物或者富含碳水的谷物，也可以让北美洲和澳大利亚广袤的大陆长期处于低水平社会组织之中，无法建立起欧亚大陆上那种巨大规模的国家。① 亚洲中部的草原地带因为盛产适合征战的马匹，就足以给这里贫困的游牧民族带来军事优势，让突厥人、匈奴人和蒙古人依靠无往不利的骑兵在长达千年的时间影响着人类最核心文明地区的政治史。这些只是我们很容易举出的自然环境中看似微不足道的因素影响人类命运的例子。直到工业时代以后，人类才开始有机会深度改变被自然绝对主宰的命运。但自然和人类历史之间的关系始终述说着一种复杂的辩证法。人类至今仍然无法决定大范围的气候和水土条件。进入工业文明数百年后，今天仍然处在深度贫困中的地区几乎都是农业区，这些地区的贫困更深地受到自然环境的影响。

当讨论贫困和环境的关系时，我们头脑里常常浮现出那些干燥的沙漠、高寒的冻土。这些地区确实不适合人类生存。但恰恰因为如此，这些地区自古以来就人烟稀少。最让人揪心的、涉及大量人口的贫困往往并不发生在这类极端环境中，而是在一些生态脆弱并且持续恶化的地区。在这种地区，人类的生存发展和自然条件的变化之间产生激烈的摩擦。岢岚就属于这样的地区。这些地区的自然环

---

① 戴蒙德. 枪炮、病菌与钢铁：人类社会的命运. 谢延光，译. 修订版. 上海：上海译文出版社，2016：61-65.

境并没有那么严苛，但也没有宽厚到足够人类肆意利用。

　　困住岢岚的不是炎热干旱，而是寒冷。中国北部不是西伯利亚那样的终年严寒地区。岢岚山区的夏季气候宜人，平缓的山坡和谷地长满了葱翠的植物，美丽的草原和灌木丛适合放牧山羊。但是这样的夏季非常短暂。冬天却长达半年，最低气温低于零下 30 摄氏度。短暂的生长窗口期导致中国最常见的谷物在岢岚都无法大面积种植。西红柿、苹果等中国北方最常见的经济果木在这里还来不及结出果实，就迎来了初雪和霜冻。在这里，吕梁山脉连接着中国著名的黄土高原。这片黄色的土壤养育着山西、陕西、内蒙古等省份的农民。但是这种黄色土壤相当贫瘠、缺乏养分、容易流失。中国的母亲河黄河就从附近流过，大量的泥沙将河流染成黄色。冬天，来自西伯利亚的大风带走了水分，岢岚全境多数地区沟壑纵横，却缺少河流，无从灌溉。中国农民长期艰难的开垦改造加剧了水土的恶化。这片寒冷干旱的土地既是中国古老文明的骄傲，也在当代中国快速发展的版图上留下一大片贫困的伤疤。

　　像岢岚、云南大理河谷这样的山地地区，由于特殊的气候和水土条件，再加上人类农业劳动对脆弱生态的破坏，环境已经跨过自然平衡的临界点，支撑不起富足的农业生产。人们为了摆脱贫困越是开垦土地、采伐树木，环境越是恶化和不可持续。最好的解决方案是让这样的地区转而依靠发展工商业跨入富足的行列，逐步让环境得以修复。世界上确实有一些不适宜农业耕种的地区走向经济成功的案例，我们甚至在荒凉的戈壁上看到了像迪拜和拉斯维加斯这样的城市的崛起。

可是在岢岚的案例上，地理再次成为阻碍。迪拜是波斯湾沿岸优良的港口。拉斯维加斯通过在平原上低成本建造的高速公路与美国最富裕的西部和南部地区相连。但岢岚缺少这样的地理便利。岢岚与最近的海洋港口隔着数百公里的距离，且山区交通不便。要克服这种地理条件的限制，就要建设机场、高速公路和铁路。这当然需要大量的投资。可是岢岚缺乏矿产资源，没有庞大的人口和市场，也不处在去往旅游胜地的必经之路上。不论对于私人的投资者还是政府主导的公共基础设施建设来说，岢岚都不是优先的目的地。迪拜和拉斯维加斯的故事，并不会自然地在岢岚上演。

造成贫困的第二个"基因"是政治经济因素。在任何时代，与贫困联系最密切的政治因素是战争和其他形式的暴力冲突。大规模暴力冲突对经济发展造成根本性的损害。[1] 非

---

① 科利尔. 战争、枪炮与选票. 吴遥，译. 南京：南京大学出版社，2018：82-89.

洲和亚洲最贫穷的国家大多数都经历过长期内战、种族冲突和恐怖主义暴行。显然，比起布隆迪、叙利亚、利比里亚、南苏丹这些地方的居民来，岢岚的居民是幸运的。岢岚山区的人们尽管贫困，却从没有对安全的担忧。在中国具有超强稳定性的国家治理之下，甚至2019年暴发的新冠肺炎疫情都不能影响岢岚人的生活。然而，就像我们谈到自然条件时所说的一样，最令人扼腕的是，在这样的和平之地，贫困仍然如幽灵一般挥之不去。

远离战争和冲突并不足以让岢岚摆脱贫困，因为岢岚受到一股"和平浪潮"的冲击，这就是全球化、工业化和城市化。多数历史学家相信，这些是不可逆转的、具有进步意义的历史潮流。但对于岢岚这样的经济脆弱地区，这些难以阻挡的伟大变化，却意味着本地人口的持续流失和传统经济结构的随之衰败。

多数情况下，岢岚的青壮年劳动力在200多公里之外的山西省会太原打工一个月的收入，相当于其在乡村种地一年的收入，足够养活家人。这样极具诱惑力的收入不但吸引了农村家庭的男性，也吸引了女性。中国城市蓬勃发展的经济可以吸纳大量的男女劳动力。年轻的夫妻通过在外地打工积累财富以后，会把自己的子女接到城市一起居住——尽管其中许多人的户籍仍然在村庄。由于长期实行计划生育政策，中国乡村家庭抚养下一代的压力要小得多。岢岚村庄的许多外出打工的农民家庭通过融入工商业，进入城市生活而改变了贫困的命运。

但村庄本身的命运却没有因此而改变。岢岚村庄里，留下的是有老人和残疾人的家庭。这些老人和残疾人往往缺乏离开村庄、到城市从事工业和服务业的条件和意愿。其中不少人疾病缠身，失去了劳动能力。这种未富先老的村庄很容易滑向衰败。年轻人不在了，村庄的政治和社会组织就丧失了活力，文化和习俗也出现了断层，传统的社会关系也在瓦解。外出的年轻人仅仅在节日期间偶尔回到村庄，并不能给村庄的组织带来活力。他们在城市中习得的文化和村庄传统文化会发生冲突，让依赖传统文化的村庄社会组织形态进一步失去统治力，有的时候还会带来攀比、浪费、赌博之风甚至造成毒品的泛滥，村庄离婚率也在上升。也就是说，在中国这样成功的新兴国家的村庄出现的现象是，外出务工的人口即便拥有了足够改变家庭命运的经济实力并且和村庄保持着联系，也未必会促进村庄的建设。许多时候外出人口对村庄的政治态度是冷漠的①，

① 关于这方面的研究，参见贺雪峰. 乡村治理的社会基础：转型期乡村社会性质研究. 北京：中国社会科学出版社，2003：10－12。

甚而会削弱村庄的传统文化。于是，留在村庄中的人越发地变得迷茫，失去自信。村庄的精神生活、社区文化和物质生活一样贫乏。这让很多中国知识分子哀叹故乡的衰败。[①]一些经济学家和历史学家也许会认为这些变化是不可避免的，多数的村庄最终会自然消失。可是，从政治治理的角度看，在这些村庄彻底消失之前，生活在这里的人们却深陷无法自拔的、持续余生的物质与精神贫困中。这即便是不可抗逆的潮流导致的，也仍然是不人道的。

在任何一个国家，政府都要承担起帮助深度贫困群体的人道主义责任。可是政府的腐败和低效本身也是常见的造成贫困的政治经济条件之一。在发展中国家，各个地方的治理能力参差不齐，基层政府的腐败往往易发多发。在2012年以前，中国曾一度面临政府腐败的巨大挑战。在岢岚所在的山西省，大批官员被发现有严重的贪污和渎职行为。如果不是党中央在短时间内强有力地治理了地方腐败，深度贫困地区的脱贫是很难顺利实现的。

总而言之，像战争、城市化、人口流动、政府的清廉和效能这样的政治经济因素对一个地区的贫困影响巨大。历史悠久的中国在近代遭遇挫折和剧变，经过数十年的努

---

① 熊培云. 一个村庄里的中国. 北京：新星出版社，2011：3-5.

力，当代中国的政治经济环境已经焕然一新，但仍然处在治理能力不够现代化，经济社会发展不平衡不充分的阶段。岢岚所在的乡村基层，正是中国政治治理和经济发展的薄弱点。

造成贫困的第三个"基因"是社会文化因素。岢岚的乡村保留了一些阻碍发展的文化。比如在村庄的"厕所革命"中，为村民援建新式厕所的施工队可能需要翻一翻"老黄历"，选一个村民能够接受的良辰吉日"动土"。A户说4月可以动工，风水旺；B户说7月才能动工，契合本家运势；C户又说12月动工最好，天寒风大财源来。然而村里按标准招标流程请来的施工队只能集中施工，无法满足所有村民的各色各样的迷信，这为厕所改造带来了一定的阻碍。尽管如此，总体来说，无论是迷信还是对女性的压迫，这些在落后地区常见的思想文化在1949年新中国成立以后都在中国乡村失去了统治力。当中国政府发起全面消除贫困的决战之时，贫困乡村最主要的文化障碍可能是消极和愚昧。

2017年，习近平总书记在考察调研深度贫困地区情况之后，对中国贫困乡村的精神文化做了一段总结："社会发育滞后，社会文明程度低。由于历史等方面的原因，许多深度贫困地区长期封闭，同外界脱节。有的民族地区，尽管解放后实现了社会制度跨越，但社会文明程度依然很低，人口出生率偏高，生病不就医、难就医、乱就医，很多人不学汉语、不识汉字、不懂普通话，大孩子辍学带小孩。有的地区文明法治意识淡薄，家族宗教势力影响大，不少贫困群众沿袭陈规陋习，有病不就医靠信教、搞法事，婚丧嫁娶讲排场、搞攀比，'一婚十年穷'。不少群众安于现状，脱贫内生动力严重不足。"①

中国领导人谈论的是中国贫困乡村的普遍现象，实际上也反映了世界各地贫困地区的普遍问题。其中，教育、医疗、家庭关系是在全世界减贫治理中普遍受到重视的因素，而这些因素又都受到本地社会文化习俗的影响。联合国和中国政府都投入大量的资源在贫困地区建设更好的学校，派去和培训更多的教师。但是要改变社会文化，改变学校还远远不够。扶贫者很快发现，教育的基础在家庭。在许多地区，家庭教育更多依赖于母亲。某些发展中国家的贫困地区中的没有平等人格的、得不到基本医疗卫生保障的母亲，会让提升教育的绝大多数努力付诸东流。在医

---

① 习近平：在深度贫困地区脱贫攻坚座谈会上的讲话．（2017－06－23）．https://www.xinhuanet.com/politics/2017－08/31/c_1121580205.htm.

疗问题上也是一样。岢岚地区缺钱治病的村民，把全部的积蓄甚至难以承受的借贷用于一场婚礼，也会让脱贫的努力沉沙折戟，"一婚十年穷"。人们常说，文化因多样而美丽。但站在人类减贫和发展的角度上来说，以上这些都不是什么好的文化。它们应该像恩格斯所用的比喻一样，被放到古物陈列馆去，同纺车和青铜斧陈列在一起。[①] 然而要在一个发展中国家的社区输入性别平等的观念和让中国人改变对婚姻大事的执念，毫无疑问是艰难的工作。在深度贫困地区，落后的思想文化往往根深蒂固，让教育、医疗和家庭关系的发展阻碍重重，成为减贫治理的重大挑战。

在全世界像岢岚这样的深度贫困地区，自然因素、政治经济因素和社会文化因素都是导致贫困的深层次原因。研究者尽可以按照自己的逻辑把这些因素分为客观因素和主观因素，或者分为内部因素和外部因素。但对于这些贫困地区的村庄、家庭和具体的每一个人来说，这些因素看起来都是"客观的""外在的"，似乎难以通过一时之间的努力改变。因而中国农民常说，生在什么样的地方，都是命。贫困者想过更好的生活，却无力改变生于兹养于兹的气候和土地。有的人反感愚昧的习俗，却无法改变父母和

---

① 恩格斯．家庭、私有制和国家的起源．北京：人民出版社，2018：193.

乡亲，并深受身边人的影响。不管一个国家和一个地区有什么样的政治制度，都不一定能够保证官员的清廉、政府的高效、政策的正确。无论中国的知识分子怎样感叹故乡不故，也阻挡不了最有活力的人群流向富裕的城市，就像这些知识分子自己之前所做的那样。甚至即便贫困者发现贫困的"基因"就在自己身上，他也可能无力与自己作战。

深度的贫困有深层次的原因，因此贫困地区的减贫异常困难。中国被公认为是在减贫方面最成功的国家之一。中国从 20 世纪 80 年代开始启动扶贫计划，截至 2016 年，7 亿多贫困人口摆脱贫困。[①] 然而，中国的减贫似乎总是面对一个"无形的堡垒"：按照当时国家的贫困标准，贫困人口减少到 3 000 万左右，就难以进一步减少。被政府认定为贫困县的县域甚至越来越多。[②] 除了统计标准变化的因素，恶化的自然环境、城乡经济的差距、部分基层政府的腐败和低效及根深蒂固的落后思想是难以克服的障碍。

2015 年 11 月，中国宣布发动一场脱贫攻坚战，决心向贫困的最后堡垒发起冲击，在 5 年之内消除深度贫困地区

---

① 国务院新闻办公室. 中国的减贫行动与人权进步.（2016－10－17）. ht-tp：//www. gov. cn/zhengce/2016－10/17/content_5120140. htm＃1.

② 习近平：在决战决胜脱贫攻坚座谈会上的讲话.（2020－03－06）. ht-tps：//www. chinanews. com/gn/2020/03－06/9116635. shtml.

全部人口的贫困问题。岢岚正处在这个深度贫困堡垒的中间，是中国当时尚存的 592 个贫困县之一。向最后的、最深度的贫困发动决定性一战，就等于是要向导致贫困的自然因素、政治经济因素和社会文化因素发起挑战。后来我们看到，中国的计划成功了。我们想要知道这种难以想象的成功是怎么实现的。岢岚就是我们观察的样本。

3 寻找政治

我们要寻找岢岚脱贫成功的原因，就要说明它是怎样克服自然条件、政治经济条件和社会文化条件的顽固障碍的。克服这些障碍的方法本身其实并不缺少。人类的历史就是不断尝试应对匮乏的历史，我们已经积累了足够多应对贫困的经验。岢岚的做法也没有什么惊人之处。为了避免不利自然条件的影响，岢岚人搬离了条件最恶劣的乡村，逐渐修复地区的自然环境；当地政府尝试营造更好的政治和市场环境，推动工商业的发展和农产品的合作经营，增加贫困家庭收入的渠道；当地的村庄还尝试通过政治机制的设计来重建村庄的文化，让村庄组织恢复活力。这些方法看起来与世界上其他贫困地区的做法相似。多数方法是国际减贫治理中的"标准答案"。但如果我们仔细翻看中国的答卷，就会发现真正的问题隐藏其中。就像我们在学校的时候看到同班同学在答卷上写出老师早已讲授过的正确答案时，真正让我们惊讶的不是答案本身。

面对不利的自然条件，人类一直在积极地改造自然。胡佛水坝将科罗拉多河抬升为巨大的湖面，美国大峡谷地区的人们拥有了充足的电力，有机会发展渔业和旅游业。中国从20世纪70年代开始，持续几十年在北方山地植树造林，成功地将大面积的土地在卫星地图上从苍黄变成了翠绿。这些都是人类改造自然的伟大成绩。然而和整个自然的伟力比起来，人类的力量仍然是弱小的。即便是在今天，对自然的改造也只能在局部进行。在可以预见的将来，我们都没有能力按我们的想法塑造一个地方的气候、水文和大范围的地形条件。

多数情况下，人类面对自然的变化只能被动适应。移民是人类在漫长的历史中应对环境变化的常见手段。人类从诞生开始一直在为寻求更大的生存机会而流动。中国的文明史源远流长而又跌宕起伏。岢岚的先民在战争时期为避乱而迁入贫瘠的山区。和平时期到来后，由于"一方水土养活不了一方人"，岢岚人又不断离开大山，寻求更好的生活。这一过程如果自然发生，可能以数十年、上百年计。在这种人口流动的末期，村庄就会出现严重的老龄化和持续的衰败，遗留下来的人群生活在绝望的贫困之中。

赵家洼是岢岚县中一个典型的濒临消亡的村庄。2017年，当习近平总书记视察这个村庄时，这个村庄只剩下13个常住居民，6户人家。习近平总书记走进的第一户家庭，由一对老夫妻和他们高龄的母亲组成。另一户人家只有一个老妇孤独地生活。村庄里全部房屋都已经残败不堪。多数房屋已经很久没有人居住，犹如美国西部淘金留下的"鬼镇"。沿着赵家洼村所在山谷，还坐落着其他3个这样的村庄，它们更加偏远和衰败。整条山谷中没有常年流动的河流，严重缺乏可供农业灌溉的水源。村民依靠在山谷和坡地中种下的粮食为生，而这些作物的收成，几乎完全靠当年的气温和降雨来决定。赵家洼村口的一口水井，是全村人日常饮水的唯一来源。在这条寒冷干燥的山谷中，井里的水量也由上天来决定。这里的人们靠天吃饭、靠天喝水，在冬季零下30摄氏度的低温中靠天气的仁慈才能感受到温暖。除非离开这里，否则村庄里的人始终无法对吃饱、穿暖这两件事建立起持续的安全感。习近平总书记在村庄水井的井沿边观察良久，在几天后召开的国家扶贫工作会议中肯定了贫困村整体搬迁的做法。①

赵家洼和这条山谷中的其他赤贫的村庄现在都已经无人居住。村民搬到了更容易实现不愁吃、不愁穿的简单梦想的地方。已经失去劳动能力的老年人多数搬到了岢岚县城中修建的集中移民点。他们在城市中获得最低收入保障。他们在山谷中的土地"流转"②给了企业种植经济作物，每年可以给他们带来资产性收入。另一些人则选择搬到了附近自然条件更好的乡镇。他们可以继续种植原来的土地。虽然路途远一点，但好处是通过租用其他村民的土地，种植的面积更大、收益更高。在新居中，所有人的住房条件都得到了很大的改善。居民们第一次用上了自来水，享有稳定的电力和光纤网络供应。实际上，岢岚地区各个新建的集中移民点，就如我们前面所描述的那样，崭新、整洁而美丽。

如果这一切都是自然发生的，就将是一个毫无争议的美好故事。但显然这些老病的村民没有能力自主搬离。岢

---

① 习近平：在深度贫困地区脱贫攻坚座谈会上的讲话．（2017 - 06 - 23）．https：//www.xinhuanet.com/politics/2017 - 08/31/c_1121580205.htm.

② 中国乡村的土地制度是集体所有制，家庭从所在的村庄集体承包土地。这些土地被用类似租借的方式交由其他人使用并获取酬金，称为"土地流转"。

岚村庄的整体搬迁是政府主导的。在中国领导人肯定了搬迁的做法后，贫困村的整体搬迁成为全国推广的减贫工程。各地政府制定了搬迁的方案、统一修建了新的房屋，并完成迁移的动员和人员的安置。

政府要完成这样的工作障碍重重。首先面临的是政治上的争议。一些人可能会激烈地反对政府搬迁居民，不管这种搬迁是出于什么目的、通过什么方式、达到什么效果。但更多的人会采取实用主义的观点来看待这个事情。很显然，如果没有政府的干预，赵家洼的村民可能终其一生都没有摆脱贫困的机会，脆弱的自然环境还会继续恶化。联合国、国际组织和许多国家的政府多数时候会采取这种实用主义和人道主义的政治立场。国际移民组织（International Organization for Migration）明确将移民问题和联合国的 2030 年可持续发展目标联系起来。国际移民组织的研究报告和数据库记载了世界上许多"有计划再定居"（planned relocation）的案例，中国的整村搬迁方案也被录入其中。① 在许多致力于消除贫困的国家，政府所鼓励的

---

① International Organization for Migration. World migration report 2020. Geneva：International Organization for Migration，2019. https：//www. un. org/sites/un2. un. org/files/wmr_2020. pdf.

"计划搬迁"是通行的做法，就像"计划生育"一样①。

除了由不同的政治信念所带来的"该不该做"的争议，对于任何国家来说，为了减贫实行大规模的有计划搬迁还要解决"如何做成"的问题。政府即便筹集到了足够的经费和资源，也无可避免地要面临集体行动的困难。如果是出于惯性思维，人们一般会不假思索地抗拒离开熟悉的环境。抛开故土难离的普遍情感不说，即便从利益得失的眼光来看，政府或国际组织许诺的新居住地的美好生活就算让人心动，毕竟是在未知的将来。眼前的变化和需要放弃掉的东西却是活生生的。中国有句古话叫作"敝帚自珍"，意思是人们舍不得丢弃自己珍视的最简陋的甚至已经没用的物品。在赵家洼和其他整体搬迁的村庄中，村民不同程度上都存在对搬迁的怀疑和抗拒心理。在赵家洼搬迁之前，岢岚全县已经总共搬迁了 117 个像赵家洼这样的村庄，搬迁的居民达到 6 136 人（见表 1－1），涉及全县 1/50 的人口。只要其中有一个人最终拒绝搬迁，并选择继续居住在原来的村里——不管他这样选择的原因是什么，他的生活处境无疑会更加恶化，政府确保每一个人脱贫的目标就不能达成。

---

① 世界上采取计划生育政策的国家有中国、越南、印度、新加坡、伊朗等。

表 1-1　岢岚县易地搬迁进度

年份	搬迁村庄数	搬迁户数	搬迁人数
2016	2 个	548 户	1 596 人
2017	95 个	673 户	1 636 人
2018	20 个	1 344 户	2 904 人
总计	117 个	2 565 户	6 136 人

通过移民的方式摆脱不利的自然环境常常是不得已的选择。中国在脱贫攻坚过程中总共搬迁了数万个像赵家洼这样的村庄。扶贫搬迁的成功为脱贫攻坚的胜利创造了重要的条件。但像中国这样大规模的主动搬迁是很难实现的。虽然政府推动搬迁的出发点是良善的，但怎样保证搬迁的过程也符合善政的原则？显然，历史上不乏许多失败的治理案例，政府、教会和其他公共管理机构出于人道目的的政治行为，却制造了人道主义的灾难。考虑到西方对中国政治仍然普遍存在的刻板印象，这个问题更有必要去回答。

第三章将专门探讨扶贫搬迁的细节，这里我们先说明结果。中国扶贫搬迁的过程是以和平有序的方式进行的。最有力的证明就是媒体。全世界的人权观察者一直以最严苛的态度审视中国。但我们在国际媒体上很少看到关于中国扶贫搬迁的批评。来自北京、太原等大城市的媒体记者、纪录片导演、学者用不同的方式记录了赵家洼和其他村庄移民的经历。搬迁的村民家庭和他们在城市务工的亲戚中一定有人使用智能手机。他们可以在社交网络上发表对新生活的看法。无论是本人及其家属的记录、媒体的报道，还是我们实地调研所见，都普遍反映了一个让人印象深刻的政治沟通、说服和达成共识的过程。这当然不是一帆风顺的，但如果这个过程造成了广泛的社会冲突，则是无法掩盖的。实际上，搬迁计划也不可能在对抗性的"舆情"和社会冲突中完成。赵家洼和临近村庄的搬迁是中国为了消除贫困而推动移民搬迁、修复生态环境的最成功的案例之一。村庄围绕搬迁所开展的政治活动展示了中国基层政治不为外界所熟悉的细节。观察这些村庄政治的细节，我们才能理解像移民搬迁这样巨大的治理工程是如何完成的。

移民搬迁并不是岢岚脱贫工程的全部。在减贫治理中另一项艰难的工作是如何为贫困家庭提供可持续的收入来源。岢岚地区的贫困家庭主要靠单一的农业生产谋生。在当地的自然条件下，数万名居住在山区的农民寄托于少量贫瘠的土地，从事没有规模效应的种植和养殖。仅仅依靠这样的劳作，哪怕是那些劳动力充沛的家庭也几乎不可能走向富裕的生活，更不要说赵家洼那些失去劳动能力的老年人了。一般来说，只有两个办法能给这些贫困人口带来收入的跃升：第一是为广泛的农村人口提供非农业的就业机会。无论是在工厂做工，还是做一个超市的售货员，都可以让一个农民的收入成倍增长。第二是让本地农业生产尽量规模化、产业化、现代化。规模化的农业可以降低生产和销售成本，有条件进入更广阔的市场寻找机会，提高农民交易议价的能力。只有这样，中国的农民才能和美国、欧洲的农民一样，成为平等的、有话语权的市场主体。

这涉及如何改造贫困地区的经济环境，就像修复自然环境一样困难。经济学家很容易为岢岚村庄开出经济多元化和农业现代化的药方。可问题仍然是如何才能做到。如果仅仅是依靠市场的自然选择，规模化的企业不会在岢岚这样的地区发展。即便是岢岚地区最大的市镇岚漪镇——这里也是岢岚县城的所在地，很长时间内也仅仅有 2 万多常住人口，不超过 10 条主要的街道。这样人口规模的消费需求甚至不足以在本地支撑起一个大型超市。不但像沃尔玛这样的国际连锁企业对岢岚的市场不感兴趣，就连中国城市普遍可见的服装和餐饮连锁品牌在岢岚也难觅踪影。县城街道上由本地居民开办的早餐店、杂货店和服装店，多数都由自家人经营，无法吸纳大量就业。这意味着当地经济不能为没有能力去外地打工的本县山区农民提供就业机会。

　　移民搬迁让就业的问题更加紧迫。当贫困的家庭居住在山区的时候，他们自给自足，并不存在统计意义上的"就业问题"。他们的"工作"就是种植自己的土地。作为农民虽然贫困，但总归是自负盈亏，在生产过程中不需要高度依赖外部——越是原始的农业越是如此。在 2015 年之后，有 6 000 多名最贫困的山区农民搬迁进入县城，这等于让县城突然增加了 1/4 的人口。移民脱离了土地生产，虽然有保障性的收入兜底，但许多人也要寻求新的谋生手段。此外，宋家沟、阳坪村等 8 个中心村也分别吸纳了从数十户到上百户不等的移民。这些村庄虽然自然和交通条件比其他村庄更好一些，却没有那么多的土地可以分配给新来的居民耕种。如果处理不好这些移民的生计问题，那么整个移民搬迁工程都会失败，岢岚的全面脱贫计划也无法实现。

　　对于政府来说，最重要的是为离开土地的人提供工业和服务业的就业机会，为仍然从事农业劳动的人增加收入，为少部分完全失去劳动能力的贫困者提供足够的生活保障。这需要一种高度精细化的扶贫政策，精细到每个家庭、每个人。这就要实现中央政府提出的"精准扶贫"方案。"精准扶贫"主张精确地识别贫困的人口，予以精准的帮助。[1]
这个概念后来被联合国秘书长古特雷斯引用，赞赏中国的
扶贫方案对实现联合国 2030 年可持续发展目标的意义。[2]
今天，在岢岚县，我们如果分析任何一个家庭的收入来源，
都会发现一种"收入碎片化"的现象：种地收入、退耕还
林补助、土地流转分红、公益岗位津贴、贫困户扶贫贷款、
合作社的分红、合作社劳动收入、打工收入、社会保障等，
组成了脱贫家庭的收入账目（见表 1-2）。每个家庭、每个
人的收入构成都不一样，享受的政策支持不一样。多种扶
贫手段同时发挥作用。这样精细化的政策能够成功实施，
规则必须清晰、公平、透明，过程必须民主，管理必须精
细，否则就会引发矛盾。一个家庭被认定为"贫困户"会
获得很大的利益，因而认定贫困户必然是政治博弈的结果。
这种政治博弈在利益和人际关系复杂的村庄中是如何发
生的？

---

[1] "精准扶贫"是指扶持对象精准、项目安排精准、资金使用精准、措施到户精准、因村派人（第一书记）精准、脱贫成效精准。

[2] Guterres A. Targeted poverty strategies only way to reach those farthest behind, secretary-general tells development forum. (2017 - 10 - 09). https://www. un. org/press/en/2017/sgsm18736. doc. htm.

表 1－2　赵家洼移民后的家庭收入结构（2019 年）

家庭成员	年收入				
	土地转移性收入	养老金收入	低保收入	补助收入	工资收入
丈夫刘福有 妻子杨娥子	总收入：41 803.92 元　　人均收入：20 901.96 元				
	光伏扶贫：3 000 元 土地流转：990 元	养老金：2 952 元	低保：7 416 元	退耕还林：3 360 元 电费补助：85.92 元	保洁工资：24 000 元
丈夫曹六仁 妻子王春娥 （二级残疾）	总收入：43 790 元　　人均收入：21 895 元				
	土地流转：1 350 元	养老金：1 416 元	低保：2 976 元	退耕还林：4 000 元 住院津贴：448 元	工厂工资：33 600 元
奶奶王三女 孙子曹永兴 （二级智残） 孙女曹永利 （三级智残）	总收入：62 830.92 元　　人均收入：20 943.64 元				
	光伏扶贫：3 000 元 土地流转：480 元	养老金：1 476 元	低保：4 368 元	退耕还林：4 221 元 孤儿救助：36 000 元 残疾人护理补助：600 元 电费补助：85.92 元	环卫工资：12 600 元

在现在岢岚家庭的收入来源中，我们可以看到经营和务工的收入。这证明岢岚解决了另一个难题：在这片缺乏经济吸引力的土地上，建立活跃的企业市场主体。这一般通过政府的招商引资来实现。但在岢岚这样的地区招商引

资不是那么简单。各地政府为企业提供了相似的优惠条件，企业在决定投资地点时有很多选择。为了吸引和发展企业，本地政府必须能响应企业的需求，提供清廉和高效的公共服务。基层政府不是天然就腐败和低效，也不是天然就能够克服腐败和低效。在岢岚的样本中，我们看到了官员积极投入脱贫攻坚、提升政府的组织绩效和管理水平，总体上克服了落后地区多见的腐败和低效。基层政府的管理能力在远离权力中心的地区是怎么得到提升的？

我们在岢岚家庭多元化的收入来源中还产生了其他疑问。村庄"公益岗位"为贫困者提供了"工资"收入。相关的资金从何而来？如何分配？贫困村民组成合作社，种植和销售利润较高的农产品，怎样保证这种弱小的经济主体在市场竞争中生存下来？土地的流转、租用和其他带有股权性质的资产性分配，是如何在乡村有效运转的？写在中国政府扶贫文件中的那些术语——光伏扶贫、电商扶贫、金融扶贫、教育扶贫，是如何在村庄特殊的政治、市场和文化环境中变成现实的？

最后，岢岚的脱贫还必须跨过一道障碍，那就是克服深度贫困地区落后、消极、愚昧的思想文化，重新激发乡村组织、家庭和个人创造的活力。国家的投资可以把村庄的房屋和街道整修一新，但是居住在房屋中的人仍然是原来的人。人的思想和习惯不改变，这些新建的房屋和拥有铺装路面的村庄，很快就会重新堆满垃圾、杂物和动物的粪便。村民会继续聚集在村口闲坐，或者通过赌博"杀死时间"，而不是利用新建的基础设施发展商业和旅游业，从而增加收入的来源。山上稀疏的树木依然会被无序地砍伐，自然与人的关系延续着恶性的循环。赌博、毒品、类似毒品一样难以摆脱的文化陋俗，还有落后卫生习惯导致的传染疾病，会让这些住在崭新房屋里的人一夜之间重返贫困。

　　全世界几乎所有的扶贫者都致力于改造贫困地区落后的思想文化。在中国的脱贫攻坚战中，我们可以在领导人讲话稿和政府文件中看到大量相关的表述：注重扶贫同扶志、扶智相结合[①]，要激发脱贫的内生动力。在岢岚的村庄，我们可以看到为此设计的组织制度。比如为了鼓励村民参与集体活动和民主会议而设置的积分兑换制度，还有关于卫生和敬老方面的评比。这些制度本身平凡无奇。我们可以在各类组织管理、学业激励甚至企业的商业推广中看到类似的手段。问题是：在缺乏强硬约束和个人利益相

---

　　① 习近平. 决胜全面建成小康社会 夺取新时代中国特色社会主义伟大胜利：在中国共产党第十九次全国代表大会上的报告. 北京：人民出版社，2017：48.

关性的情况下，人们可能不在意这些激励和评比，使得这些制度形同虚设。然而在岢岚的村庄，这些制度有效运转起来了。受到这些制度的影响，村民的思想和习惯出现了改变，对村庄的政治认同感更高，村庄组织重现活力，政治文化得到了重塑。这些变化是怎么发生的？

围绕着村庄的组织文化转变，我们可以提出进一步的问题。贫困村民有了社会保障和资产性收入，这些收入都是不用劳动就可以获得的。为什么他们还会寻求其他的收入来源，包括开展一些风险性的投资项目，比如将获得的扶贫资金购买合作社的股份，甚至申请扶贫贷款以从事经营活动？这种企业家精神是如何出现的？岢岚乡村留下的大多数村民都没有受过高水平教育，不少人甚至识字不多，他们是如何理解政府的脱贫政策文件中的术语和复杂制度设计，根据这些政策参与村庄的民主议事日程，决定重大利益的分配的？我们在岢岚的村庄还发现了关爱女性和残疾人的社区组织，这在闭塞的乡村是如何出现的？

这些问题和前面的问题一样，都指向政治治理的细节。我们可以很容易地从政府文件中看到国家在减贫治理中采用了什么政策，也不难发现这些政策是为了帮助深度贫困地区克服不利的自然条件、政治经济条件和社会文化条件。

但对读者来说更引人入胜的问题显然是：为什么相似的政策在岢岚和中国的其他地区成功了，而在世界上的许多其他地区则不完全奏效？为此我们有必要揭示是什么样的政治过程导致了这样的差别。就像字典所定义的那样，政治涉及"统治的艺术和科学"①。但跟通常的政治分析不一样，我们在岢岚案例中要着重说明的不是这些政策是如何在国家政治中制定的，而是这些政策是如何在不同层次的政治活动中实现的。接下来的章节中，我们一起走进岢岚的村庄、县域和国家治理的系统，来观察中国政治治理细节中的"艺术和科学"。

---

① Hanks P. Collins dictionary of the English language. London：William Collins Sons & Co. Ltd，1980：1134.

村庄政治

1 唤醒村庄

美国参议员伯尼·桑德斯在 2016 年和 2020 年的两次美国大选中获得美国年轻选民热烈的追捧，也招致另一些美国人激烈的反对。桑德斯誓言要让美国政府赋予民众平等的经济权利。美国的《权利法案》中没有包含经济权利。宪法修正案提到言论和信仰自由不足以满足最贫困社区的人们。多数情况下经济上陷入困境的人也不关注持有枪支的权利，因为他们买不起枪。至于有权拒绝军队在自己的私宅中驻扎，美国宪法中郑重列出的这类条款都是偶然才会出现的情况。相比之下，贫困群体更需要平等追求经济发展的权利。即便个人发展和自身奋斗相关，奋斗的机会也应该是平等的。人们至少有权获得平等的教育。平价的医疗也不可或缺，毕竟一场疾病可能会让自食其力的劳动者一夜之间失去持续奋斗的能力。基本的食品、衣物和安全的住房也让人民不至于陷于生活的泥潭之中不可自拔，失去"免于匮乏的自由"①。总而言之，政治应该保障人们拥有改变经济命运的希望。这些就是经济人权。

在 21 世纪的今天，也许只有美国人才会对桑德斯的观点争论不休。保障经济人权早已是人类公认的真理。联合国早在 1966 年就通过了《经济、社会及文化权利国际公约》。自那以后，联合国以及许多国家和地区依照"公约"所约定的原则持续推动减贫和经济机会平等。中国在脱贫攻坚中提出的"两不愁三保障"目标也是基于普遍的经济人权理念。这种带有中国"数目化"特色的政策术语——中国的政策文件通常喜欢用几个数字把多个目标和原则统称起来——其实是由几个简单的目标所组成的：稳定实现农村贫困人口不愁吃、不愁穿，这是"两不愁"的意思；保障义务教育、基本医疗、住房安全，这是"三保障"的意思。②

可以看出，"两不愁三保障"是一些广受认可的、让贫困人群获得平等经济权利的目标，其内容本身并不特别。

---

① 关于美国经济权利不平等的问题，罗伯特·D. 帕特南（Robert D. Putnam）做出了经典的研究，参见 Putnam R D. Our kids：the American dream in crisis. New York：Simon & Schuster，2015。

② 习近平谈"两不愁三保障"．（2019-04-18）. http：//cpc. people. com. cn/n1/2019/0418/c64094-31035837. html。

但中国政府决心要在 5 年内把这些目标普及到贫困乡村的每一个家庭，整件事就会变得非常不凡。桑德斯和他的支持者可能会羡慕中国政府可以更容易地做出决定去做正确的事，但假如他真的当了美国总统，就会很快发现，更困难的问题不是国家在政治上认可什么样的观念、颁布什么样的政策、制定什么样的法律，而是如何让这些政策在每一个村庄和家庭得以实现。最终解决问题的关键不在于国会大厦之中，而在于万千村庄和社区中。对于致力于增进经济权利和减少贫困的国际组织来说也是一样，最艰难的不是如何让各个国家共同签署一项公约或者携手宣布雄心勃勃的可持续发展议程，甚至不是研究减贫的经验、推荐最优的政策、设置合适的项目、筹措资金和投入志愿服务人员。这些工作都重要而有益。但多年以来，最困扰国家和国际组织的问题是如何让这些政策设计在贫困的社区产生效果。

经验表明，国家和国际组织并不能仅靠对贫困社区的援助来减少贫困。最常见的麻烦是，援助不一定能到达真正需要它的人手中。就算受援者恰如计划预计获得援助，也有可能出现受援者对援助的依赖。援助削弱了受援者自身求变的动力，让减贫缺乏可持续性。实际上，任何精心设计的发展计划，都需要受援者思想上的认同和正确反馈。贫困社区的人们可能为了省钱不去上学、拒绝就医，让外界援助的学校和医院得不到充分利用；他们有时会把购买基本食品的钱花在宗教活动或者婚礼之类的生活仪式上；他们也可能把扶贫者赠予的用于生产奶和毛皮产品的牛羊宰杀吃掉。此外，人心难平，没有拿到援助的家庭会冷眼旁观，没有获得援助的村庄会对临近的获得援助的村庄心生嫉妒。在这样的情况下，村庄和社区会陷入分裂和冲突之中，无法采取集体行动建设公共基础设施，没有能力一起对抗地痞黑社会或者极端组织的侵犯，难以发展出有规模的本地经济组织，社区文化的纽带也会出现撕裂。最终村庄里的人们甚至会一起抱怨外来的援助打乱了他们原本和谐的社会秩序。为此一些贫困社区甚至拒绝外部援助，哪怕这意味着他们要继续处在贫困之中。中国的古语把这称作"不患寡而患不均"。

这些普遍存在的现象实际上提出了一个普遍存在的治理难题。借用哈耶克的话说——这位经济学家宣称市场、分工和个体的经济努力才是发展的良方——减贫治理所需的知识是非常地方化和具有针对性的。[①] 国家的政策需要在具体的复杂系统中解决问题。贫困村庄就是这样一个系统。当国家的减贫政策面对具体的村庄政治时，就像太阳把阳光照向了原始地球的表面，为生命的孕育创造了最初始的条件。但是生命何时孕育，不同的地方会孕育出什么样的生态，却依赖很多当地的因素。因此，人为的政治设计，比如政策、立法、援助等，到底能否以可测量和可复制的方式减少贫困？为了解决贫困的问题，多数发展中国家都曾经借鉴本国和外国专家的意见，为本国的经济发展和减贫进行规划。联合国、世界银行和其他国际组织也是一样。尴尬的是，这样的努力并不总是成功。[②] 更麻烦的是，它们也不总是失败。甚至同一个国家不同时期的发展和减贫规划有时候硕果累累，有时候却成效不彰。和市场经济"看不见的手"在世界各国发展中普遍可见的贡献比起来，政府"看得见的手"在减贫治理中到底是如何起作用的，至今仍然是一个问题。

关于政治治理的设计怎样与复杂系统相协调的问题，

---

① Hayek F A. The use of knowledge in society. American economic review，1945，4.

② 伊斯特利 . 威权政治 . 冯宇，邓敏，译 . 北京：中信出版社，2016：第二章，第三章，第四章.

是这本书贯穿始终的主题。现在让我们把目光放到岢岚县的村庄中，寻找第一步的答案。显然，成功的减贫不只要在政治上"唤醒国家"——这是像桑德斯这样的政治家经常谈论的，还要在政治上"唤醒村庄"——在贫困社区把国家的政策转化为集体行动。中国的减贫治理所面对的问题和美国政治家所讨论的问题不太一样。中国减贫最大的挑战不在于国家政治，而在于村庄政治。要说明像岢岚这样深度贫困地区的村庄是如何在中国的减贫治理中被唤醒的，我们需要把目光看向贫困村庄的内部。

用哈耶克式的眼光来看，岢岚村庄是一个个复杂和具体的系统。这些系统具体到什么程度呢？每个系统很小，通常只是由几十个村民组成。但正因为如此，村庄政治系统内部关系会复杂到因人因事而变。有的村庄家庭间存在相对紧密的亲缘联系，有的村庄则没有。有的村庄里有权威人物，有的村庄则一盘散沙。有的村庄临近道路因而民风开放，有的村庄缺少耕地因而村民缺乏经济安全感。局部的人和环境差别，就会在村庄这样的微型社会系统中导致显著的差异。当我们把目光看向岢岚村庄内部的时候，就会面向这个地区众多千姿百态的微型社会系统。

由于村庄的减贫无论如何最终取决于村庄的集体政治

行为，我们就可以尝试对村庄做政治系统分析。这种分析方法不管村庄社会如何千姿百态，都以村庄为界来分析其内部的政治活动。不同的政治力量在村庄内部互动，决定着集体行动的结果。当国家的减贫政策下达到村庄时，村庄内部的政治主体就围绕着实现减贫政策而展开互动。这样我们就建立起了一个可以观察所有村庄的视角。

在岢岚的村庄中，有三股政治力量影响着关于减贫的集体行动。第一股政治力量当然是国家。中央政府发起了为期5年的脱贫攻坚战，并通过全国各级党组织和政府管理系统，调动各方面的资源来推动国家政策目标的实现。岢岚的县政府和县下属的乡镇政府，就是政府管理体系的末端，负责传导和最终落实国家的扶贫政策。村庄内部的主要政治机构村民委员会是村民选举的自治机构，并非政府体系的一部分，但是受到县乡政府的直接影响。此外，中国共产党在村庄中建有基层组织。超过3个党员的村庄就设有党支部。党的村庄基层组织隶属于上一级乡镇党委并接受其领导。村党组织和村民委员会都是代表国家在村庄推动减贫政策的力量。中国共产党向政治管理薄弱涣散的贫困村庄派出了驻村工作队和第一书记。他们也是国家注入村庄政治中的力量，对这个群体我们在下一章中还会专门论及。

　　民众构成了村庄中的第二股政治力量。在村庄中，民众的力量不是一个抽象的概念，它蕴藏在村庄内部既有的组织秩序中。中国的村庄本身存在基于宗族亲缘关系的传统组织。在历史上，家族、辈分、师承和宗教等可称之为"自然法"的关系，将村庄社区从政治上分化并组织起来。虽然近几十年来，村庄的传统组织秩序越发受到现代性因素的冲击①，但无论如何，亲缘、宗族和邻里关系仍然在村庄政治中发挥着作用。同时，现代组织形态也在中国的村庄中得到发展。其中一种是村庄自治制度。在 20 世纪 90 年代全国性的法律颁布之后，村民直接选举村委会和村庄民主议事制度已经运行了 20 多年。至今中国村庄的民众已经经历多次村委会的选举换届、不计其数的对集体事务的议事和表决，积累了参与村庄公共事务的经验，普遍意识到自己在村庄政治中有表达利益的合法政治渠道。另一种跟村庄政治相关的组织形态是由现代企业发展所带来的。与传统村庄经济依靠分散的小农经济和地主—佃农的依附性关系不同，一些村庄建立了以自由雇佣为基础的现代企业

---

　　① 徐勇. 乡村治理与中国政治. 北京：中国社会科学出版社，2003：228 -
231.

组织。村民们在村办集体企业和由乡村"经济能人"举办的私人企业中扮演的角色不只是村民，也可能是员工、股东、商业合作者和临时受雇者，这为村庄添加了新的社会关系。当村庄需要采取集体政治行动时，村民也可以通过以上这些新的关系联结起来，从而构成影响村庄政治的有组织的力量。

村庄中的第三股政治力量是村庄精英。我们这里所说的村庄精英，是在村庄的政治组织中处于权威地位的村民。不管他们是宗族、道德或者其他习惯法意义上的领袖，还是村庄经济组织的领导者，或者是通过民主自治制度选举出的村干部和党的干部，抑或是上述三种身份的混合，这些权威人物一旦在村庄的集体行动中能够较大地影响其他村民的认识和行动，他们就会成为村庄政治的"关键少数"。相比于一般村民，村庄精英往往和村庄之外的世界有更强的联系，比如村干部与县乡政府有工作关系，经济能人的利益依赖外部市场，宗族和道德领袖需要符合更广泛的社会价值观才能维持其地位。因而村庄精英一般来说也往往更有"大局观"。但不要因此产生误解。这些精英本身仍是村庄的一部分。村庄的内部关系是他们最看重的关系，村庄的利益是他们所依赖的利益。即便是在工作身份上执行国家政治意志的村干部——前面我们说了他们是国家力量在村庄的代表——在个人身份上也是村庄的一员，他们以在村庄集体中的地位而定义自己的个人身份。村干部不是国家公务人员，他们扮演着村庄本土精英的角色。在比较好的情况下，村庄精英可以成为国家和村民沟通的桥梁，在村庄内凝聚政治共识、推动集体行动。不太好的情况有两种：一种是村庄精英力量薄弱、在村庄中没有权威，不能发挥影响力推动村庄政治活动，那么国家政策就容易在村庄的"最后一公里"出现梗阻，无法实现期待中的目标。另一种是村庄精英非常强势，同时自私和腐败，则会导致国家的政策在村庄变味，"村霸"借国家政策之名，忽视村民利益，垄断资源分配，野蛮压制攫取，引发村民对国家政策的反对，最终也会导致治理目标的失败。①

在村庄治理中，这三股力量既彼此需要，也可以彼此加强。国家政策要在贫困村庄发挥作用，就需要在村庄内部政治中完成转化，而村民组织和村庄精英是国家政策在村庄中实现转化的中介。从村庄外部来推动减贫工作的县乡干部、驻村工作队和第一书记最不愿面对的是一个缺乏

---

① 贺雪峰. 乡村治理的社会基础：转型期乡村社会性质研究. 北京：中国社会科学出版社，2003：153-157，173-174.

组织、一盘散沙的村庄。这意味着他们不能有效地利用村庄内部现成的社会关系开展工作。如果所有政策问题都需要外来的扶贫者在村庄中一家一户地去解决，无疑耗时耗力。更何况外来者要获得村民的信任需要相当长的时间。同样，对外来的扶贫者来说，一个内部矛盾丛生的村庄也很麻烦，这意味着他们在开展工作的时候，可能会卷入村庄内部矛盾中。他们不得不先设法弥合各种各样的冲突，才能着手解决减贫的问题。这无疑也耗时耗力，而且未必能够成功。这两种情况哪一种更棘手一些呢？从实践中看，后一种村庄总还是有较强内部组织的，这让扶贫者工作起来至少会有一些"抓手"，比在一盘散沙的村庄会有办法一些。这再次证明了村庄内部社会关联的重要性。[①]

因而，最好的情况是村庄本身具备有效的关系网络，村民有强大的自组织能力，村干部和乡村能人卓有威望。在这种情况下，代表国家的政府官员和扶贫者就可以首先团结村干部和村庄内的权威人物，村庄内外的"关键少数"共同形成有力的领导集体，使国家政策赋予的权力和民众组织自发形成的权威形成合力。这样的领导集体能高效地

---

① 贺雪峰. 乡村治理的社会基础：转型期乡村社会性质研究. 北京：中国社会科学出版社，2003：4-14.

动员村民，最终推动国家政策的落实。这种团结有力的领导集体形成之后，可以让少数反对者无从寻找罅隙干扰政策的实施，并最大限度地动用村庄内部社会关系逐步说服反对者加入集体行动中来，最终确保在脱贫中没有一个人掉队。也是在这样的领导集体之中，村庄精英才可以更好地扮演国家和村民之间的建设性平衡角色。通过他们，村民有更多机会向国家表达自己的利益，一定程度上减少政府官员可能出现的形式主义和官僚主义对村庄利益的伤害，也就加强了村庄政治的民主监督和纠错能力。

因此，在村庄中增强国家的力量，与强化村民组织和村庄精英的力量是统一的。实际上，后两者之间的根本利益也是统一的。从本质上来说，村庄精英就是村庄内部关联关系的产物。"社会关联"是中国乡村政治研究者所使用的术语。[①] 如果要在国际政治科学中找到一个意思相近的词的话，大概接近于"社会资本"[②]。一般来说，强有力的村庄精英总是要依赖强有力的社会关联才能建立自己的权威。与村庄社会关联相关的那些因素，如强大的传统亲缘关系

---

① 贺雪峰. 乡村治理的社会基础：转型期乡村社会性质研究. 北京：中国社会科学出版社，2003：155-157，173-174.

② Fukuyama F. Social capital, civil society and development. Third world quarterly, 2001, 22（1）：7.

网络和共同记忆、有效的民主自治制度或者是比较发达的现代经济组织，既赋予了村庄精英影响力，也为村庄精英提供了施展影响力的渠道。在村庄政治中，村庄精英会综合运用自己的威望、村庄内部的习惯法、不同形式的社会关系，当然还包括国家政策和政府权力的支持，来达到政治说服和集体动员的目的。再次借用西方政治学的术语来说，村庄精英更善于运用"软实力"。村庄内部的文化、政治和经济关联越丰富，村庄精英能够掌控的"软实力"就越多，在村庄政治中所发挥的作用就越难替代。往往只有他们才深谙村庄内部种种或明或暗的关系，才有能力通过这些关系"把事办成"。在这个过程中，村庄精英的活动无疑会反过来巩固社会关联，让参与组织的村民获得实际利益，增强其政治认同感。

总而言之，要在村庄实现脱贫，就需要在村庄这个小小的政治舞台上实现国家、村民和村庄精英的政治合作。在这三股力量中，岢岚村庄最大的短板显然不是国家，而是村庄内部薄弱的政治基础。跟中国南方省份的鱼米之乡比起来，岢岚村庄长期贫困、人口流失、传统文化和组织秩序衰退，村庄民主自治制度的活跃度和动员能力不足，没有建立强大的乡镇企业组织和超越家庭生产的经济活动形态。村庄社会关系变得原子化，村庄精英数量少、能力弱。在许多深度贫困的村庄，人们在日复一日的劳作中勉强生存，如同沙漠中零零散散生长的植物一般，没有出现强大的社会关联和政治生态系统。

岢岚的这些村庄，就是典型的、在发展中落在最后的中国贫困村庄。中国向深度贫困发起最后决战，决胜的关键转折点是要让这样的村庄重建有效的政治行动能力。村庄在政治上被"唤醒"，依靠的不是政府的强制力量，而是包括国家在内的多种力量在村庄政治中建立合作和彼此强化。当读者接下来看到岢岚村庄中的民主、文化、经济活动的细节时，要知道我们描述它们不仅是因为这些细节本身就生动有趣，而是因为它们强化了村庄内部的社会关联、塑造了组织秩序，并在此基础上提高了村庄的集体行动能力，从而让国家的脱贫政策在村庄中有机会转化为现实。这才是中国基层减贫治理过程中最值得世人关注的、了不起的政治飞跃。

2 民主的激活

我们先看看脱贫村庄的民主活动。通常人们在国家层面讨论民主时，民主更像一个衡量的尺度：什么样的制度更民主？什么样的政治活动体现了民主？什么才是好的民主？政客和学者为这些问题争论不休。在村庄政治中，我们不会听到村民关于民主的高谈阔论。但我们会感受到民主有鲜活生命的一面。我们会感觉村委会的选举和村庄的民主议事会议就像村庄农户家里养的耕牛。在村庄政治活跃度下降、组织和文化日渐衰落的时候，民主政治机制就像耕牛整日被困在牛圈之中，自身也日渐疲弱。相反，当一种强大的政治动力出现——比如当国家开始在村庄推动脱贫计划时——民主制度就被激活和强化，成为在村庄中形成政治权威、建立政治秩序、推动集体行动的重要制度。在脱贫攻坚中，岢岚村庄的民主制度像一头繁忙的耕牛一样，有干不完的活儿，也好像焕发出了使不完的劲儿，并且前所未有地强化了自身。

不只是脱贫推动了民主，民主也推动了脱贫。民主制度是一种典型的、在复杂系统中自主形成秩序的方法，因此它是适配村庄政治的钥匙之一。就跟市场经济中有"看不见的手"一样，民主活动也可以通过发挥个人理性和创造力，让村民在政治互动中寻找集体性的解决方案。村庄的政治特性因人因事而变，但通过村庄里的民主活动，治理决策却可以适应千差万别的村情，转化为同样的政治结果——推动减贫政策的落实。我们以村庄减贫中最主要的政治事务为例，来看看岢岚村庄的民主自治是如何发挥作用和壮大自身的。

让我们回到我国提出的"两不愁三保障"的脱贫目标。我们前面已经说过，这是关于经济权利的目标。它不是保障村庄家庭走向富裕，而是致力于让村庄家庭具备平等的走向富裕的条件。我们可以用下面这个比喻来说明其中的区别：想象一下，当政府在山区修建一座水坝时，当地人看起来会获得无差别的经济机会。他们可能利用水坝拦截而成的湖面发展水产业、旅游业，可以建立新的灌溉系统来提升土地种植的收入，还有机会到新建的水力发电站成为一名获取稳定工资的工人。在减贫治理中，市场、法治和基础设施就像这座"水坝"。但是和这座水坝一样，这些看似普惠的公共产品，对一部分最贫弱的人来说却可能不会起作用。这些弱势群体可能是由于衰老、疾病、缺乏劳动能力，或者是由于受到本地主流人群的排挤，甚至仅仅是因为过于贫穷——比如连吃穿都顾不上，更无法筹集修建民宿和灌溉系统的资金——从而仍然无法抓住水坝所带来的经济机会。"水坝"带来的机会理论上是均等的，但结果却是不均等的。问题不是出在"水坝",而是出在一些人的特殊处境剥夺了他们参与经济发展的平等权利。

因而,贫困村庄要实现"两不愁三保障"的目标,就不是简单提升贫困者的收入,而是要找到那些失去平等发展机会的人,看他们到底缺少什么必要的发展条件,提供相应的支持和保障,从而让他们和其他人站在相对平等的发展起点上。

所以当国家的脱贫政策走进村庄的时候,面对的第一个问题就是:谁是贫困户?"贫困户"是中国长期减贫治理中形成的一个特定概念,是指那些被政府权威认定应该获得扶贫政策支持的家庭。不同历史阶段对贫困户的认定标准是不同的。在脱贫攻坚之中,岢岚村庄的一个家庭如果被认定为贫困户,就可能享受表 2-1 列举的特殊政策支持。

表 2-1　贫困户优待政策简表

经济创收	护林员收入	每人每月 800 元
	退耕还林补助	每户每年补助约 4 000 元
	光伏扶贫收入	每户每年增收 3 000 元
	经济合作社	每户每年增收 8 000 元
生活保障	医疗保障	大病起付线 5 000 元,按 85% 报销
	教育保障	孩子教育每年补助 1 000~3 000 元
	最低生活保障	平均每户每年补助 5 000 元

续表

易地搬迁	住房补助	集中安置建房人均补助 2.5 万元 配套基础设施户均补助 2.1 万元 配套公共服务设施户均补助 1.77 万元 分散安置建房人均补助 2 万元

　　这是一个长长的清单。如果我们仔细看里面的内容，就可以看到多数项目都是围绕着"两不愁三保障"的经济权利。因为这些政策背后的理念是赋予部分群体平等的经济权利，所以如果这些福利被已经有发展机会的人获得，从公共政策管理角度来说就是失败和浪费。政府的目标是要精准补足贫困户的经济权利短板。对一个衣食无忧却住在危房之中的家庭，就要为他们建造安全的房屋，而不是给他们提供更多的粮食和衣物。这就提出了"精准扶贫"的政策要求。

　　实施"精准扶贫"政策时，到了村庄内部面临怎么界定贫困户的难题。这个难题首先是政治层面的。要让村民理解国家政策设计背后的先进理念并不容易。村民可能会把国家的扶贫政策换算为彼此之间利益得失的简单比较。这难免会让村庄陷入政治矛盾之中。另外，界定贫困户还面临操作层面的难题。政府和村庄都没有详细的、关于每一个农户家庭的经济统计数据。中国农村家庭的人口流动大，许多家庭成员在外打工，收入和开支情况复杂，而我国的个人收入税体系还没有发达国家那样完备。即便政府掌握了家庭的经济数据，也不等同于一劳永逸地掌握了评估是否达到"两不愁三保障"的标准。因此，政府官员和扶贫者只有深入村庄内部调查，才能甄别出符合扶贫政策条件的家庭。这样的甄别需要得到村民的认可，也要和村庄内部的情感和道德标准相符。这意味着操作层面的挑战最终要回到政治层面，只能在村庄政治过程中去解决。

到最后，"谁是贫困户"这个听起来是数学统计的问题，难免一定程度上要通过一次普遍的民主评议来解决。村庄里谁家生活条件达不到"两不愁三保障"的要求，不是用统计数字就能确定的，只有生活在村庄里面的人看在眼里。"人人心中有一杆秤"，这是中国农民常用的谚语。此外，我们前面已经提到农民还相信"不患寡而患不均"。因而，执行扶贫政策的政府官员和村干部要避免确定贫困户问题带来的政治矛盾，就需要让村民理解"两不愁三保障"的扶贫措施本来就不是惠及每个人的。让村民理解扶贫政策理念最好的办法，则是让他们参与到认定贫困户的过程中来。民主决策会让村民换位思考。当村民从决策者的角度思考"谁是贫困户"的时候，就会把经济权利这样复杂的概念转化为他们自己的理解，比如贫困户就是"靠自己已经没办法翻身"的人。村民开始理解自己的选择是在帮助最弱势的邻居，他们对于国家政策的认识和情感随之发生转变。由此，村庄政治的难题才有机会破解。

民主评议不只可以破解政治矛盾，还可以帮助解决操作难题。一般来说，人们宁愿相信客观的数据，而不是主观的评价。但从我们的调研来看，在确定贫困户的问题上主观评价比一般想象更有用。实际上，多数时候入户调查者很难获得绝对客观的数据。他们一般会通过观察农户房屋和家具的新旧程度，摆在厨房里食品的多少，家庭成员的年龄、职业和健康状态等来判断家庭经济状况和发展机会。这种判断当然受限于调查者的判断能力和对政策精神的领会。相比之下，在同一个村庄生活的人对邻居经济情况的了解会比外来的调查者更深入、更准确。因此调查者也会记录和参考同村人的评价——虽然这种评价也经常受到村民间私人关系的影响。

村民主观评价的误差还可以在民主议事制度中通过公开讨论来解决。就像我们之前所说的那样，民主是一个能适应复杂系统的政治途径。图 2-1 记录了岢岚县一个村庄确定贫困户名单的标准工作流程。我们可以看到，多种形式的民主活动贯穿其中。在"贫困户识别"的第一个阶段，村庄要成立一个民主评议组。这个评议组由扶贫者和村干部共同组成。他们主要负责前面已经提到的家庭经济调查工作。现在我们已经知道，评议组不只开展入户调查，也会和其他村民谈话；既获取客观的数据，也吸纳主观的评价。这是一个民主协商的阶段。在第二个阶段，评议组根据调查结果提出贫困户的名单。这个名单需要在村民代表会议上通过。因此这是一个民主议事和投票表决的阶段。最后，村民代表会议通过的名单，要在村庄、乡镇和县一级政府先后进行 3 次公示。公示期间相应的管理机关要接受投诉。反对者可以自由选择在不同阶段、向不同层级的管理机关提出意见。管理机关收到投诉意见后，按照国家的信访制度要求必须开展调查并把调查结果告诉投诉者。因而这是一个民主监督的阶段。

在各个阶段的民主活动中，村民代表会议是最引人注目的一步。会议之前通过各种方法评估提出的贫困户名单，要在村民代表会议上得到讨论和付诸投票表决。村庄一般以家庭为单位派出代表参加会议。像认定贫困户这样的村庄大事要开会投票的时候，村里多数家庭都会派代表参加。即便如此，岢岚村庄的村民代表会议也不会特别盛大，很多时候会场只有二三十人。这是由贫困地区的村庄人口规

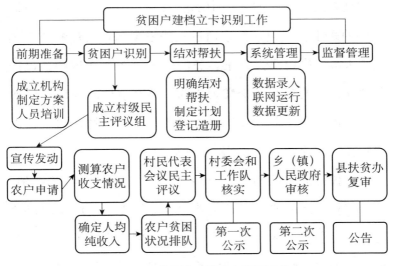

图 2-1　贫困户建档立卡识别工作

模决定的。这倒是有利于参会的各家代表进行充分的发言。贫困户名单只有经过充分的讨论再投票通过，才代表了村民最大的共识。县乡政府也会倾向于让村民代表会议开展充分的酝酿和讨论，形成一个体现共识的决议后再上报，以免在公示期间接到投诉而带来管理上的麻烦。

　　我们不能因此把村民代表会议的现场想象成激烈的辩论会场。我们在前面已经说过，村民在村庄会议中公开讨论贫困户名单之前，可能早已就这份名单向前来调查的村干部发表了自己的意见。这份正式提出的会议文件是各种非正式的会前酝酿的结果。这种提前酝酿的机制在中国大多数具有民主功能的会议中都能看到。中国政治生活中最主要的民主会议包括投票通过立法法案和官员任命的人民代表大会、决定重大政策事务的党委会等。在这些会议进行"多边"的公开讨论和表决前，最有争议的问题已经通过"双边"和"小多边"的形式在会前充分协商过了，以避免在正式的会议上出现尴尬的僵局。

这种提前协商的机制在西方国家议会中也能够看到。但西方和中国的协商民主仍然存在显著差别。以美国议会为例，民主党议员在议会公开表决一项提案之前，可能会想办法提前接触态度摇摆的共和党议员，说服对方投赞成票。但这种提前沟通只是为了提案能够获得多数通过，因而提案方一般不会去费力争取对方态度最为强硬的反对者。反对者即便明知已经无法阻止票决通过，仍然会在会议中大张旗鼓地表达反对意见，甚至通过长时间发言来拖延投票的时间。这些行为表现了西方政治文化的特点。相反，中国人在民主投票之前会花更多的时间去和态度最为强硬的反对者沟通，哪怕不能说服对方，至少也要争取对方在公开会议上保留意见，或者尽量温和地表达不同意见。要做到这一点，通常不只需要充分向反对者解释己方的意图，还要对对方进行某种形式的抚慰。在中国的政治文化中，会前没有充分有效协商，以至于在会议和投票中呈现出激烈对立的局面会让各方都感到尴尬。因而如果会议的组织者对会前协商的效果没有充分把握和信心，常常宁愿推迟会议和表决，再多一些时间做准备工作。

　　岢岚村庄的民主会议就是这样（见图2-2）。会上的争论通常不会非常激烈，但这也不意味着会上已经完全没有反对意见。在一些村庄的会议中，分歧仍然明显存在。反对意见有多强烈，除了受到会前协商的影响，还相当程度上取决于讨论的议题是什么。像确定贫困户这样的议题，在经过充分的会前沟通和会上讨论之后，村民很少坚持自己的个人偏见。当村民们认识到这件事情只牵扯到贫困户和国家援助的关系，并不涉及他们彼此之间的利益分配，与此同时他们还能参与到国家大事和村庄决策中来，他们就倾向于出于比较纯粹的公心去投票。在我们的调研中，多数村干部都证实，只要对贫困家庭的前期调查工作做得扎实，与村民的预先沟通做得充分，会上提出的贫困户名单反映了多数村民普遍接受的公平标准，村民大会的议事过程通常是相对顺利的。村庄可以由此完成一次卓有成效的民主议事。按照国家政策规定，贫困户的名单要根据减贫的情况动态调整，把一些已经脱贫的家庭挪出名单，或者把一些突然返贫的家庭加入进去。这都要通过村民会议讨论决定。这种针对同一个议题反复进行的民主实践会给村民的民主素质带来显著的提升。村庄农民越来越熟悉国家政策、程序规则和政治活动的技巧，相信自己在决策中发挥了作用，既服务了国家，又帮助了乡邻，对村庄政治的信心和认同感越来越强。村庄的政治组织和集体行动能力得到了提升。

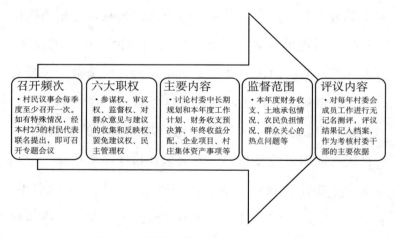

图 2-2　岢岚县某村的村民议事会规则

在脱贫攻坚过程中，村庄的民主议事会议经常召开，会讨论许多容易引起争议的村庄政治议题。并不是所有议题的特点都跟确定贫困户名单一样。有些议题有更明显的"分蛋糕"性质。比如村庄的资金如何使用就是典型。如果村庄决定花钱建设一项基础设施，比如增加一条灌溉的水渠，或者铺装通往主要耕种区域的道路，都会涉及村民之间如何分担成本、如何分配收益的问题。村民们精心计算水渠和道路的走向对自己利益的微妙影响。这类问题更典型地代表着中国农村日常的公共议题，在村庄政治的博弈中也更容易陷入"你得我失"的利益僵局。我们发现，越是在这种情况下，民主议事的成效越是依赖村干部在村民中的权威。对于权威不足的村干部来说，民主程序是一种麻烦和挑战；但对于有威望的村干部来说，民主制度会帮助其发挥影响。

在脱贫攻坚过程中民主制度被频繁运用，不但训练了村民，也锻炼了村庄的精英。为了完成这本书，我们5年间曾经先后3次到访岢岚。在岢岚村庄，我们感觉面貌变化最大的就是村干部。5年前走进多数的乡村，你会感觉村干部混杂在村民中难以辨别。经过几年的脱贫攻坚工作锻炼之后，村干部从外表上就凸显出来。他们比一般村民更加有活力和自信。脱贫攻坚给政治组织涣散的深度贫困村庄带来了大量的公共事务。这些公共事务激活了村庄的政治机制。为了推动村民集体行动起来落实国家政策，村庄要不断地组织民主议事会议。村干部为了筹备一次村庄大会，可能要开十次八次的小会，还要提前进行不计其数的私下沟通。他们忙碌起来，加班加点，不分昼夜，能力得到锻炼，优秀的干部在工作中涌现。在这种情况下，村委会的民主选举变得更有实质意义。村民不会感觉选谁都一样，或者把投票看作一次短期的利益和人情交换，甚至接受贿选。他们会把那些实践证明愿意办事、能办成事的能人选举为村干部。这让我们清晰地认识到，当治理更有效的时候，选举才会更有效。好治理是好民主的基石。

国家的脱贫攻坚政策减少了村庄政治内耗，激活了村民民主活动，锻炼了普通村民和村庄精英。反过来，强大的村庄精英和村民民主活动又推动了国家政策落实。这样的现象并不只是在中国的贫困乡村出现。中国城市社区的民主活动也以相似的逻辑在发展。在北京这样的大城市，打开本地电视台，你可以看到叫作《向前一步》的节目。居民们面对电视镜头，在小区广场或者电视台的室内演播大厅围绕拆迁补偿、小区遛狗、旧楼加装电梯等本地社区管理议题展开激烈讨论，街道和社区的政府官员负责阐述政策、回答问题，法律、行业和媒体的专家发表第三方意见，帮助推动居民在会议中达成共识。不管这样的民主会议最后是否成功形成了全体居民认同的解决方案，社区民主议事过程已被电视台完整地播出，让我们有机会仔细地观察中国基层民主政治的细节。参加这种城市社区民主活动的居民往往要比岢岚村庄的村民富裕得多，他们的言辞表达更流利，更有能力自主地获取信息、有意识地引用法律。但是，如果你也参加过岢岚村庄的村民大会，你会觉得这些会议在本质上是相似的。民主机制激发了每一个人的活力，依靠个人自主的互动在复杂系统中形成集体性的解决方案。同样地，村庄和城市社区的本地精英在民主过程中不可或缺，他们在政治上的成长加速了社区政治的发展。政府官员经历了民主的训练，提高了管理公共事务的能力，越来越习惯于运用民主手段解决矛盾问题。在民主活动中涌现出来的、有能力的基层官员会被中国共产党的组织部门选拔到更高的管理岗位上去。民主不只是好的，而且是有用的，在复杂的治理系统中甚至是无可替代的。这就是我们在中国乡村和城市基层治理中看到民主因素增长的原因。

3 组织的蜕变

除了民主议事制度外，我们在岢岚村庄的减贫治理中还观察到其他一些有趣的政治机制设计。这些机制像民主机制一样，也是在村庄内部复杂系统中寻求解决方案的途径。我们先看看脱贫攻坚中岢岚村庄普遍设立的一个机构："爱心超市"。它的名字听起来像一个常见的平价福利商店，表面来看也确实如此。这种超市通常设在村委会的一角。简易货架上摆放着食品、衣物、卫生用品等村民日常需要的生活生产物品。这些物品有的是外部直接捐赠来的，也有村委会用外部捐赠的扶贫款购买的。一些国家在文化上可能不太接受二手物品的直接捐赠。但是在中国漫长的慈善史中，旧物捐赠一直占有重要地位。这也许是一个人口众多的农业社会数千年来为了生存延续而产生的、降低社会总成本的方式。在当代的扶贫活动中，城市捐赠到村庄的旧物已经经过了福利机构的挑选，都是干净完整的。我们可以想象岢岚村庄"爱心超市"货架上的物品对村民的吸引力。如果这只是一个普通的慈善超市，村委会只需要让符合条件的贫困户来领取物品就可以了。村民们很愿意免费获得这些物品。

但是这些通过慈善途径筹集来的物品并不以慈善的原则分配，当然更不会用于商业营利。爱心超市物品的分配方式是政治性的。爱心超市里的物品不直接赠予村民。即便是被正式认定的贫困户也不能无条件地领取这些物品。

在岢岚村庄，村民通过一种村庄自主设计的积分兑换制度来分配爱心超市的物品。比如按照其中一个村庄的制度，家庭派代表参加一次民主议事会议，可以得到4分；由于庭院打扫干净被评为村庄的卫生文明户，可以得到2.5分；被选为敬老家庭，可以得到4分（见表2-2）。各个家庭的积分像银行存款一样留在村委会的记录里，村民可以公开查阅。这些积分唯一的实用价值，就是到爱心超市兑换物品。例如花费3.5分可以兑换一个水壶，兑换一瓶食用油则要花费15分。如果一个家庭的积分够多的话，他们甚至可以在爱心超市里兑换到小型的农业机械和家用电器。

表2-2　阳坪村积分奖励机制及"爱心超市"积分兑换简表

积分奖励机制（部分）										
了解识别贫困户标准（3分）	知道村庄脱贫年度（3分）	参加乡村组织召开的会议（4分）	积极配合各项检查工作（6分）	积极关注村内各项事务（2分）	院内无垃圾堆放现象（2.5分）	手脸时常保持干净（4分）	家庭和睦（4分）	邻里之间互相帮扶（2分）	主动承担急难险重任务（1分）	在中心工作中积极带头（1分）

"爱心超市"积分兑换（部分）										
洗衣粉×1包（2分）	水壶×1个（3.5分）	肥皂×1块（4分）	擦手油×1盒（5分）	手套×1双（8分）	食用油×1瓶（15分）	卫生纸×1提（15分）	铝壶×1个（35分）	不锈钢大脸盆×1个（50分）	电热水壶×1个（65分）	白面×1袋（95分）

如果我们仅仅注目于积分兑换制度，事情就会显得平淡无奇。在现代商业活动中，积分兑换制度非常常见，我们可以在航空公司和大型连锁超市看到类似的做法。岢岚村庄积分兑换制度的特殊之处在于它背后的政治意图。爱心超市与村庄政治活动联系在一起。货架上的物品为村庄的政治活动赋予了村民可感知的价值。因此，从本质上来说，爱心超市的积分是村庄设计的一种政治教育机制。由于这种政治属性，爱心超市不是一个超市，也不是一个真正的慈善机构，而是村委会下属的"机构"。因而爱心超市通常设在村委会之内而不是更方便人们光顾的街边村头，就不让人奇怪了。

与爱心超市积分关联起来的活动，都是村庄政治教育的渠道。前面已经介绍过村庄民主议事会议的作用。下面我们来看看另外两项从文化角度来推动村庄政治发展的活动。第一项活动是卫生户评比。在岢岚村庄，按照村规民约，一个农户通常要负责保证自己庭院周围公共区域的整洁。这是村庄开展卫生评比的依据。但实际评比的时候也常会同时评价各家庭院内部的卫生状况。① 卫生评比是定期

---

① 中国农民的庭院常常用来堆放农具、饲养家禽、种植花草和水果、晾晒衣被和谷物等，常常是一个半开放的空间，许多传统村庄的庭院一般不上锁，甚至不设可关闭的门。

开展的。评比开始的时候，评委小组一起巡视村庄，为各家农户庭院内外的卫生状况打分。这个小组中有一部分人是村干部，另一些人是村委会邀请的村中长辈和有威望的人。按照评委的评分，村委会公布不同等级的卫生示范户——就像酒店一样从三星到五星，并制作一块表彰牌匾挂到获奖家庭的门口，同时给这些家庭记上相应的爱心超市积分。第二项类似的村庄文化评比活动是孝亲敬老家庭评比。其开展的方式也大致相同。由于岢岚村庄的年轻人大量进入城市打工和居住，村庄中留居的多是老人。村委会定期组织有威望的村中长辈形成评委小组，选出敬老示范家庭。获奖家庭的特点是家庭关系和睦，年轻子女经常回村庄看望老人，为老人提供赡养条件。村庄会为获奖家庭颇为隆重地挂上一块牌匾，给予爱心超市的积分和其他物质上的奖励。

为什么村庄要开展这些文化评比活动？读者很可能已经感觉到，这些评比活动听起来和发达地区的公共管理方式不太一样。在城市管理中，公共卫生是政府的责任。家庭的卫生状况、家庭成员的内部关系是私人领域，不适合受到社区和邻里的公开评价。如果政府和公共管理机构参与了这样的评价，可能会被指责侵犯隐私权。但是中国村庄在脱贫攻坚中产生的这些机制不是为了控制村民和侵犯他们的隐私权。这些机制的目标是减贫。在减贫目标的驱动下，中国各地会相互分享和学习有效的脱贫经验。像爱心超市与卫生和敬老评比这样的方法也是先从一个地区创造出来，再推广到其他地区的贫困村庄中使用的。这些方法广泛复制，证明它们对于减贫是有效的。那么这些方法和村庄减贫是如何联系起来的呢？

首先，从经济角度看，这些评比活动可能对减贫产生间接的经济助益。如果敬老评比能让相对富裕的年轻一代对留在村中的老人予以更多的赡养支持，当然可以减轻政府和村庄的扶贫压力，这实际上是推动城市人口以家庭为纽带反哺农村人口。干净卫生的村庄环境可以提升村民的健康水平，减少医疗开支方面的压力，也可能会为村庄带来服务业和商业的收入。整洁的街道和美丽的院落更能吸引旅游者。村庄干净，村庄生产的农产品也会让人感觉更加自然和卫生，能够通过网络的传播在城市的消费者那里卖个好价钱。

其次，从文化角度看，设计这些评比活动的初衷是希望改变贫困地区村民的精神面貌。这一点在中国脱贫攻坚的政策语言中被称为"扶贫先扶志"。在扶贫者和村干部看来，村庄街道和农户院落干不干净，代表了村庄的一种"精气神"。村民把庭院和村庄打扫干净，就会有更强的愿望追求美好的生活环境，而不是习惯于在贫苦的生活中麻木忍耐。年轻子女孝敬父母，经常回到村庄和家庭之中，可以增加村庄的活力，重塑文化传统。总而言之，干净整洁的村庄和团结和睦的家庭，都可以帮助村民树立努力摆脱贫困、追求美好生活的信心。

最后，也最为重要的是，从政治角度看，这些评比活动还强化了村庄的社会关联，激发了村庄的政治活力，就像民主活动所发挥的作用一样。前面我们已经解释了村庄内部社会关联的政治作用。越是深度贫困村庄，其内部社会关联往往越是疏离和断裂。这既包括村庄家庭之间横向的社会关联，也包括代际之间纵向的社会关联。也就是说，村庄内部关系的疏离和断裂既发生在村庄内的家庭和村民之间，也发生在各个家庭内部。后者常常表现在开始享有城市生活的年轻一代人和保持传统村庄生活的老一代人之间的疏离。我们已经论证过，村庄社会关联越是疏离，国家的脱贫政策就越难在村庄落实，也越难实现政治动员和集体行动。扶贫干部口中所说的没有"精气神"的村庄，常常是那些社会关联程度低的村庄；一个有活力的村庄，往往就是一个社会关联形式丰富和组织有力的村庄。村庄的评比活动就可以让村庄家庭之间加强互动和联系。敬老评比还会加强代际之间的联系。这都可以为脱贫攻坚创造出更好的政治组织基础。

按照这一思路，我们可以进一步分析孝文化在村庄政治中的意义。孝文化是中国举世闻名的传统文化之一。但在评选敬老家庭的活动上，弘扬传统文化只是一种附带的收益。强化家庭联系的最直接的好处是增强村庄政治动员的能力。可以想见，村庄评选敬老家庭、弘扬孝文化，势必会得到村中老人的拥护。由于老龄人口占据岢岚深度贫困村庄常住人口中的很大比例，村委会通过敬老评比活动就势必能收获村庄多数人的支持。这类活动让村庄民众的主体在情感上站到了村集体和村干部的一边。在政治博弈的关键时刻，这种情感氛围将影响村庄政治活动的过程和结果。按照中国的户籍制度，外出打工的年轻一代即便已经在城市工作和生活，他们仍可能是村庄的成员，对于村庄的决策有表达意见的合法权利。外出人口由于脱离了村庄，对于涉及村庄长远发展的事务缺少参与的时间和意愿，其在政治活动中的关注点常常局限在自家利益的得失上。因而在决定那些矛盾最激烈的利益分配时，村庄家庭中的长辈如果愿意接受村干部出于村庄整体长远利益提出的意见，而不是同其脱离村庄的儿女一样仅仅关心短期利益和自家得失，就会大大减少村庄政治决策过程中的阻力。更深刻一点看，当老人更愿意站在村干部的一边的时候，等同于在公共政治权威中叠加了家庭内部的权威，这有利于统一思想达成共识，让国家政策在村庄顺利落实。中国许多成功脱贫的村庄都把推行孝文化的相关举措视作自己的成功之道，这并不是没有道理的。[1]

现在我们已经知道了村庄评比活动的性质是什么，以及为什么要开展这些活动。我们还需要讨论一下这些活动要行之有效，其背后需依赖什么样的条件。类似的政治制度设计并不是在任何环境下都可行，主要问题是民众可能并不真正在意和有效参与。比如中国在城市地区定期开展"卫生城区"的评比，但不会开展"卫生家庭"的评比。虽然创建"卫生城区"提倡"人人有责"，但主要的责任仍然落在政府和公共管理机构。家庭和市民个人并不会普遍被政府作为评价的对象。即便政府这么做，也未必会有效。人们可能会认为这是由城市管理规模远比村庄更大、公共

---

① 库恩，汪三贵. 脱贫之道：中国共产党的治理密码. 重庆：重庆出版社，2020：197-200.

管理机构更健全以及城市居民的隐私观念不同造成的。既然如此，我们可以做另一个更有趣的比较。在中国的大学宿舍也广泛开展卫生评比活动。由于中国的大学生普遍是多人合住一个房间，大学生并不会把宿舍空间视作完全的、不接受外部管理和评价的私人空间。而且大学宿舍楼是一个规模较小的社区，学校并不会提供打扫宿舍卫生的公共服务。学校管理层和村干部一样，通过评比活动来促使学生履行卫生责任，并展现出对待生活的积极态度。中国大学宿舍卫生评比活动和岢岚村庄卫生评比活动背后的条件看起来很相似。可就我们的观察来看，中国大学宿舍卫生评比活动的有效性远远不如岢岚村庄。岢岚的贫困村庄所开展的这些评比活动之所以行之有效，背后一定还隐藏着值得我们进一步挖掘的政治机理。

　　显而易见，评比活动运用了人们对于社会评价的关注。说到这里读者可能会想到中国著名的"面子文化"。但这不足以说明同样处在东方文化环境中的中国城市和大学宿舍为什么会和岢岚村庄不同。因而我们宁愿不使用"面子"这种容易让人产生文化偏见的词，而使用一些国际通用的学术概念，比如托马斯·霍布斯所说的"荣誉"，或者亚伯拉罕·马斯洛所说的"尊重"①。这些概念被用来描述人类普遍的社会行为。简单地说，岢岚村庄的村民们积极参与卫生和敬老的评比，是不愿落后于人。他们换取爱心超市的积分，一部分原因是可以获得免费的生活物品，但更大程度上是不希望在慈善物品的分配中有吃亏和不公平的感觉。人的荣誉感，或者对自己不逊于别人的要求，是爱心超市和村庄评比活动能够发挥政治动员作用的本质机理。这是容易理解的。

现在我们来看看这种普遍的人类心理为什么在岢岚的村庄中能发挥更大的作用。

第一是这些村庄很小，因而村庄社会都是熟人社会。人类的荣誉感，或者反面的羞耻感，总是在熟人评价中达到最强烈的感觉。假设村庄的评比活动扩大到整个乡镇或者县域，越是超出熟人社会的范围，它的作用就越会下降。在大城市就属于这种情况。即便是大学校园的各类评比活动也符合这个规律。宿舍或者班级内部开展的评比活动——比如学术成绩的排名，要远比整个宿舍楼分属不同院系的、彼此不太熟悉的学生宿舍之间开展的评比活动更有效果。

---

① 霍布斯. 利维坦. 黎思复，黎廷弼，译. 北京：商务印书馆，2009：92-97；马斯洛. 动机与人格：第3版. 许金声，译. 北京：中国人民大学出版社，2007：18-78.

总而言之，评比机制是一个典型的共同体机制，它在一个关联密切的共同体中发挥更大作用。

第二是村庄精英所发挥的特殊作用。我们已经多次提到，政治活动要激发村民，首先要激发村庄精英。在原本一盘散沙的村庄中，村干部、文化贤达、宗族长辈和经济能人并不一定比普通村民更有政治活力。村庄精英的政治活力需要在政治活动中被激发出来。村庄评比活动正是一个既激发村庄精英，又激发村民政治活力的机制。在评比活动中，村庄精英成为评委，就会首先要求自己在相关的问题上做好表率，然后依靠自己的权威影响其他村民。当村庄精英被调动起来，乡村原本就存在的社会关系结构就开始起作用——而这些社会关系在城市社区和大学社群中要弱得多。大学生可能会在意自己所尊重的教授的评分，但在大学的评比活动中，教授本身不会和学生一起被评价，在宿舍卫生评比活动中获得良好评分的学生也不会因此而成为教授。在村庄的评比活动中，一些表现良好的村民家庭则会被吸纳进评委团体，这可增强自己家庭在村庄的政治影响力。因而评比活动甚至成为村庄组织发展迭代的某个环节。在大多数的政治场景下，村庄组织的发展几乎毫无例外地呈现为一个先进者带动后进者的过程。这是一个小型自治社会才会有的现象。我们在城市社区组织和大学学生会中也可以观察到精英的带动作用，但以现状来看没有村庄精英所发挥的作用大。这可能是村庄共同体的功能更集中导致的。市民和大学生可能归属于很多社团，但村民几乎完全地在生产生活的各个方面归属于村庄。

第三是村民在评比活动中产生的获得感。评比活动所产生的政治结果需要惠及被评比者，并让被评比者及时、自主地感知到。如果你是一个岢岚村庄的村民，评比活动让你生活在更有"精气神"的村庄和家庭环境中，这对大多数人来说都是可以清晰感受到的精神满足。爱心超市的积分兑换制度，则创造了一种让村民及时地感受到物质满足的方法。村民在精神和物质方面产生的获得感会转化为对相关政治机制的认同感。渐渐地，不管自己在评比活动中的排名和在爱心超市的物质收获如何，人们都会认可评比活动本身的正当性。这种认同感还会"外溢"到其他村庄制度和政治活动上，转为村民对村庄政治整体的信心。于是，村民们开始出于政治荣誉感主动维护村庄的决策，而不是出于一时一事的利益得失来选边站队，或者隔岸观火。游离于村庄主流政治之外的少数人将感受到村邻的压力而不只是村干部的压力。当有人破坏村庄的制度和政策的时候，他会受到村民整体的谴责或者排斥，而不仅仅是村干部与少数对抗者之间的博弈，由此村干部就有了更强的权威和底气。村庄组织文化出现这样的蜕变之后，村庄的政治生态就实现了决定性的改善。相反，如果村民从村庄政治活动中没有得到可感知的正向反馈，这样的良性循环就难以出现，村庄制度不但不能达到设想的目标，反而会流于形式而空耗掉政治资源。以同样的逻辑，我们还可以从村民所得到的反馈来思考村庄中顽固难除的负面陋俗。如果花销不菲的红白喜事能够继续给村民提供在村庄中的声望，换取更好的婚姻机会和其他经济机会，那么这些落后的文化就会顽固地延续下去，任何仅仅从文化层面追求"移风易俗"的努力都会事倍功半。村庄要想移风易俗，就要从调节村民对收益的感知入手，而这不仅仅涉及文化观念的改变，还必然涉及经济收入和分配机制的改变。

文化问题和政治问题的交织互动，让我们再次想起这一章开头提到的观点：村庄是一个个本地化、差异化的复杂政治系统，国家的扶贫政策要在不同的村庄政治中落实，需要能够适应本地系统的内部政治互动机制。不管是民主活动，还是评比活动，都是在社区组织的内部政治互动中发挥了村民的主动性和村庄社会关联的作用。国家层面的政策并不能替代这些本地层面的政策，反而依赖于本地政策才能发挥作用。民众能够在村庄制度和政治活动中得到可感知的正向反馈，就会产生对村庄政治的认同。村民政治认同的增强，反过来强化了村庄社会关联，进一步动员了村民，从而让这个循环在更高的水平上往复。村庄的政治动员能力和集体行动能力大大增强。

这样的观察适用于村庄的主要集体组织和公共活动。岢岚村庄在经济活动中也运用了类似的方法。许多村庄除了评比"文明卫生光荣户""孝亲敬老光荣户"，还会评比"自主创业模范户""勤劳致富模范户"，表彰那些努力劳动、在经济上具有创新和奋斗精神的家庭。这些评比活动的政治逻辑是相似的，目的是激发村民不弱于人的心理。村庄中的经济精英，则利用其在经济组织中的影响，为其他村民和村庄的经济组织输入具有现代意义的组织文化和个人奋斗文化。关于岢岚村庄在脱贫攻坚中建立的新型企业组织及其经济作用，我们会在第四章中描述。这里我们只简单探讨新型经济组织和相关的组织文化对于村庄政治的影响。

村民通过合作社或企业建立起合作和雇佣关系，就在村庄内部建立了新的组织关联。合作社或企业领头的经济能人一般还会为入股者和员工提供技术和管理知识，并想办法激发村民的经济发展动力。这方面的例子不胜枚举。比如岢岚一个大学毕业后回村创业的年轻村民认为养驴市场空间巨大，就成立了一个养驴合作社，动员同村的贫困户加入。传统上岢岚地区是以养殖山羊为主的地区，村民们对于养驴的技术和市场几乎一无所知。一个具有"企业家精神"的经济能人尝试开展一场商业冒险，引入了新的产品，拓宽了村民的经济视野，也增强了村民劳动致富的能力和信心。[①] 在全国的脱贫攻坚中，成千上万个乡村合作社把村民从经济上组织和动员起来，给村庄的政治活动提供了更好的组织基础。

除了合作社或企业以外，其他形式的经济关系也会强化村庄组织。在岢岚的另一个村庄，一位妇女开办了一个小卖部。由于这份工作的性质，她有机会广泛接触村民。当村庄开展脱贫攻坚工作之后，这位妇女试图在闲聊中鼓励前来购物的贫困村民通过商业投资来致富，并提供创业和经营的建议。随着村庄基础设施的改善，这个靠近交通要道的村庄有了发展旅游业的更大机会，这位妇女带头组

---

① 杨佩佩 . "80后"大学生返乡创业："耕地驴"变"致富驴"助农增收 .（2020 - 06 - 24）. https：//www. sohu. com/a/403942244_123753.

织村中的家庭妇女向临近地区的妇女学习手工技艺，制作各类富有本地特色的工艺品，并在村庄街道的一间房屋开设了"巧手坊"，向往来的旅行者出售手工作品，从而给农妇家庭增加了收入。为了提升村庄妇女的"精气神"，她甚至组织村中女性每天定时在村庄新建的广场跳舞。与中国城市随处可见的市民广场舞略有不同，这个叫李爱岚的村庄小卖部女老板并不把村庄妇女每天的集体舞蹈仅仅视作一种来去自由的休闲活动。我们调研的时候，看到她当众批评另一位妇女跳舞时不够专心，后来又打电话向被批评者解释和道歉。我们饶有兴趣地记录了这位妇女说出的一些"金句"：

> "虽然是农民，但要活出自己的价值。"

> "我咋想的我就咋干，干啥都要干成个样。"

> "我们宋家沟村的人就要有宋家沟村的样子！总书记都来过的地方，肯定是不错的地方，为啥自己瞧不起自己？"[①]

> "女人要在经济上自由，精神上独立。"

---

① 2017年6月21日，中共中央总书记、国家主席、中央军委主席习近平赴山西忻州市岢岚县考察调研。相关报道见组图：习近平在山西考察．（2017－06－23）．http://cpc.people.com.cn/n1/2017/0623/c64094－29357464.html.

之所以要把这些言论列举出来，是想让读者感受一下，这个小卖部女老板在村庄中不断传递着什么样的信息。这些信息显然超出了为自己的小卖部维护客户关系、组织女性开展手工业和旅游业经营的经济需要，但又能归结到我们所熟知的"企业家精神"上来：敢想敢做、追求自我、经济独立。这个小卖部女老板的思想中有一种清晰的男女平等意识。她说她在各种工作中忙得没有时间，最感到难过的是没有好好陪伴自己的儿子。在我们听来，这更像是上海浦东地区金融企业中的女性管理精英会说的话，而她是一个只有百十户人家的北方贫困村庄的女老板，经营着毫不起眼的生意。当调研结束驱车离开时，我们恰好看见这位妇女在回家的路上拦下几个在地上踢矿泉水瓶子玩的孩子，听到她对这些孩子说："不是说了咱村里不让有垃圾吗？这次姨帮你们扔进垃圾桶去了，下次记住了啊。"在他们的身后，这个村庄只有一条一眼可以望到头的主要街道。但这一眼望去就可以看见，街道在傍晚的阳光下干净整洁。

　　这一章我们描述了岢岚村庄如何在政治上被唤醒，为脱贫攻坚的开展提供了组织基础。我们尝试从不同方面说明这个问题，但实际上村庄民主、文化和经济组织的发展，与政治组织的重塑是相互关联的过程。村庄的政治精英、文化精英和经济精英的身份也是相互转化的。在各地乡村中，致富带头人经常会被选为村干部，而村干部有时也常常是村里有影响力的文化精英。前面我们提到的养驴的年轻村民就被选为村委会主任。小卖部女老板李爱岚则被选为村庄的妇联主席。在越发活跃起来的村庄政治中，村庄精英就像处在西方政治的"旋转门"之中。多方面的身份让他们可以运用多方面的力量，也为村庄做出多彩的贡献。但这并不只是一个绝对的优点。多种权力积聚一身的村庄精英也可能造成破坏。他们有时会用经济实力换取政治权力，再用政治权力换取经济利益。即便他们不那么腐败、自私，也有可能愚昧和保守，利用自身权威钳制村庄的文化和思想，抵制开明的变革，甚至阻碍国家政策在村庄的有效施行。这种事情不在岢岚村庄发生，就可能在别的村庄发生。因而我们这一章对于村庄内部政治的描述还不够完整。接下来我们就会看到，国家政策通过村庄政治转换为治理结果的过程中，还有一股外来的力量至关重要。

第二章附表 1　贫困户优待政策详列

经济 创收	护林员 收入	担任国家级造林工程的护林员，可以获得每月 800 元的收入，年收入增加 9 600 元
	退耕还 林补助	2018 年退耕还林面积为 56 671.52 亩，发放补助总额为 1 338.63 万元
	光伏扶 贫收入	两批光伏扶贫电站全部投产后总装机容量为 85 MW，总带动贫困户 7 065 户，每户每年收入 3 000 元，稳定受益 20 年，占全县贫困户 8 442 户的 83.7%，实现 90 个贫困村集体经济"破零"
	经济 合作社	● 2019 年 76 个扶贫攻坚造林合作社产生劳务费 1 968.39 万元，其中，贫困社员劳务费 1 667.49 万元，占到总劳务费的 84.7%。贫困社员户均增收 9 706 元，带动了 1 718 户 4 639 名贫困人口持续增收 ● 振东药业集团等 8 个企业联合 10 个合作社，推行"公司＋合作社＋农户"模式，在 115 个搬迁村流转土地种植中药材 2.16 万亩，带动 1 730 户 4 325 人人均增收 2 450 元 ● 岢岚县神堂坪乡 8 个林业专业合作社组成联社，实行股份制合作经营，91 户贫困户已通过合作社获得劳务收入 74 万元，户均收入约 8 132 元 ● 温泉乡土鱼坪村种植合作社吸收 39 户贫困户参与种植富硒谷子，每亩收入 2 000 元，户均 4 亩，仅富硒谷子户均收入可达到 8 000 元
生活 保障	医疗 保障	● 由县财政筹措 200 万元成立专项基金，为贫困人口外出就医无力承担住院押金时进行垫付 ● 对于赴省人民医院、省肿瘤医院等 13 家县外医疗机构住院治疗的患者，县卫计局设立"县域外就医一站式结算窗口" ● 建档立卡贫困人口在县域内各个医疗机构就诊，一律"先诊疗后付费"并免除门诊挂号费；在省内定点合作医院接受救治的贫困人口患者，凭县医院转诊单，由政府购买服务聘用的 8 名工作人员负责陪同转院，以及负责办理相关手续

生活保障	医疗保障	● 对确诊患有52种慢性病的贫困人口实行慢性病门诊补偿，门诊费用限额内全额报销，并通过医院代购和送药上门来减轻常年服药的慢性病患者的购药负担 ● 建档立卡贫困人口在县级、市级、省级医院住院医保目录内个人年度费用个人自费部分分别不超过1 000元、3 000元、6 000元
	教育保障	● 建档立卡户在校幼儿每年享受学前教育补助1 000元 ● 义务教育阶段的建档立卡户子女全部享受寄宿生生活费补助：小学生每年1 250元，初中生每年1 500元 ● 高中阶段免除学费，建档立卡户学生每年享受3 000元普高国家助学金 ● 中职教育阶段建档立卡户学生每年享受国家助学金资助2 000元 ● 雨露计划向贫困家庭中职、高职教育阶段学生提供每人每学期2 500元补助 ● 高等教育阶段向建档立卡学生一次性发放不低于3 000元的新生入学补贴
	最低生活保障	将农村低保、特困人员救助分别提标到每人每年平均4 358元、5 749元，对1 634名易地搬迁无劳动能力或丧失劳动能力贫困人口给予低保、特困人员救助
易地搬迁	住房补助	集中安置建房人均补助2.5万元，配套基础设施户均补助2.1万元，配套公共服务设施户均补助1.77万元，分散安置建房人均补助2万元

第二章附表 2　一个岢岚村庄的村民议事会规则

村民议事会	由本村村民代表参加的参谋议事、民主监督村务的基层群众性组织
任期	每届三年，可以连选连任
六大职权	对村内重大事务的参谋权 对村委会计划、报告的审议权 对村干部执行政策情况的监督权 对群众意见与建议的收集和反映权 对不合格的村委干部要求罢免的建议权 对村务的民主管理权
主要内容	讨论村委中长期规划和本年度工作计划、财务收支预决算、年终收益分配、各业承包合同、集体土地的征用、新建企业和企业新增项目的开发、村镇建设的规划和宅基地的审批、大型基础设施和固定资产购置及处理
监督范围	村民委员会接受村民议事会的检查、监督。每年年终，将本年度财务收支、土地承包情况、农民负担情况等向村民议事会汇报，对群众关心的热点问题，要求在村内主要街道予以公示
评议内容	村民委员会成员每年年终向村民议事会做述职报告，村民议事会对每个成员的工作进行认真评议，在此基础上进行无记名测评，评议结果记入档案，作为考核村委干部的主要依据，为村委换届调整干部提供依据
召开频次	村民议事会每季度至少召开一次，由村民委员会召集、主持。如有特殊情况，经本村 2/3 的村民代表联名提出，即可召开专题会议
资料整理	村民议事会要建立健全各种资料表册，做到各种活动有记录、各项决策有记录、好人好事有记录、意见与建议有记录、决策的执行情况有反映，并要将有关资料整理入档

第二章附表 3　阳坪村常住户百分制激励奖励评分

考核内容		激励分值	分值
卫生整洁方面（30分）	室内卫生整洁度（10分）	玻璃明亮无污垢（2.5分）；被子叠放整齐（2.5分）；地面整洁无垃圾乱物（2.5分）；日常家具摆放整齐有序无灰尘（2.5分）	
	院落卫生整洁度（10分）	院内放置物件有序（2.5分）；窗台上没有杂物（2.5分）；牲畜粪便及时处理（2.5分）；院内无垃圾堆放现象（2.5分）	
	个人卫生、衣服整洁度（10分）	衣服鞋帽干净整洁（4分）；手脸时常保持干净（4分）；衣柜内衣服放置整齐（2分）	
政策知晓度方面（30分）	扶贫政策（9分）	了解识别贫困户标准（3分）；知道识别贫困户时间（3分）；知道村庄脱贫年度（3分）	
	民政（7分）	低保政策（2分）；五保政策（2分）；残疾人补助政策（1分）；孤儿补贴（1分）；高龄失能补助（1分）	
	农业（7分）	粮食直补（3分）；退耕还林（3分）；特色农业补贴（1分）	
	其他普惠政策（7分）	医疗报销政策（2分）；养老保险（2分）；整村提升公共服务（1分）；内置金融合作社入股分红政策（1分）；入股企业分红政策（1分）	
乡风文明方面（20分）	保持良好语言习惯（4分）	遵纪守法（2分）；不说脏话、不吐脏字、不肆意辱骂别人，语言文明（1分）；不造谣不信谣不传谣，不肆意污蔑党的政策（1分）	

续表

考核内容		激励分值	分值
乡风文明方面（20分）	文明礼貌（4分）	尊老孝亲（2分）；诚实守信、尊重别人、宽以待人、为人和善（2分）	
	邻里互动（4分）	助人为乐（2分）；邻里之间互相帮扶（2分）	
	爱护公共财产（4分）	积极主动爱护保护村公共财产，积极监督他人对公共财产的破坏（4分）	
	家庭和睦（4分）	夫妻相处融洽，不争吵不打架，子女孝顺（4分）	
制度遵守方面（20分）	参加乡村组织的各项活动（8分）	积极参加乡村组织的各类活动，包括乡、村组织召开的会议，以签到表为准（4分）；积极参加村集体义务劳动（4分）	
	提供信息真实性（6分）	收入、种植、养殖、开支、子女流出地（6分）	
	积极配合各项检查工作（6分）	对每次的检查工作积极配合（2分）；反映提供真实情况（2分）；不扭曲事实，实事求是（2分）	
外出人员及流动党员管理（20分）	党员管理（2分）	流动党员参加"三会一课"及固定党日活动（2分）	
	集体活动（2分）	参加村集体活动（锣鼓队、秧歌队）（2分）	
	各项事务（2分）	积极参与村内各项事务（2分）	
	外出务工人员参与村内活动（2分）	外出居住或在外务工期间定时回村内参加集体活动（2分）	
	外出务工人员主动提供情况（2分）	外出务工人员每月给村委提供务工情况及收入状况（2分）	

续表

考核内容		激励分值	分值
外出人员及流动党员管理（20分）	关心村内建设（2分）	积极关注村内各项事务（2分）	
	在外表现优秀（2分）	抢险救灾（2分）；表现突出（5分）	
	化解热点矛盾（2分）	提供村里热点矛盾线索（2分）；化解村里热点矛盾（5分）	
	外出务工人员表现良好（2分）	扶危济困、乐善好施、热心公益、志愿服务、义务献血、拾金不昧（2分）	
	见义勇为（2分）	为保护国家利益挺身而出，见义勇为、英勇斗争（2分）	
加分项	表现特别突出的可加大奖励分值，最高可加200分，以实际情况为准	个人利益同国家利益、集体利益发生矛盾时主动牺牲个人利益（2分）	
		同不良风气、违法违纪行为作斗争（5分）	
		在民族团结、禁毒防艾等中心工作中积极带头（1分）	
		解决群众困难，为群众办实事（1分）	
		受到上级表彰：乡（2分）；县（5分）；市（10分）；省（20分）	
		流利背诵村规民约（3分）	
		主动承担急难险重任务（1分）	

注：以上分值1分等同于1元人民币，可到任意一家协议超市兑换相同价值的物品，或累计一定积分后登记并统一购买大件物品，如洗衣机、电炒锅、电饭煲。

驻村扶贫

1 扶贫者

2020 年 11 月，在一场关于国际发展合作的研讨会上，联合国开发计划署亚太局首席经济学家霍瓦特（Balazs Horvath）先生发表评论说，中国共产党派出的驻村扶贫者和在欠发达地区开展减贫项目的社会组织，都是政府之外的社会性力量参与到减贫发展中的案例，这种观点非常有意思。他发言之前，我们刚刚在这个会议上介绍了在岢岚地区所观察到的驻村扶贫者的情况。这是我们第一次听到国际组织的官员对驻村扶贫者和国际减贫志愿者做出这样的类比。

联合国开发计划署和其他国际机构每年都向全世界的贫困地区派遣开展减贫治理志愿服务的人员。这些志愿者被寄予了很高的期望。在多年的治理实践之后，国际组织已经认识到减贫和经济发展需要在当地具体的复杂系统中实现。政府的一纸文件和国际社会的一份倡议书，并不一定能在贫困社区产生预想的效果。20世纪90年代以后，联合国和一些国家希望在贫困社区推动社会自组织的、旨在解决具体发展问题的志愿活动，以灵活地适应本地复杂系统，更好地实现减贫目标。这场被称为"结社革命"的运动，推动了大量国际志愿者去往非洲、东南亚和中亚等地区贫困的山地和乡村。他们长期驻扎在当地、融入当地，把现代发展因素带到当地，赋予当地组织可持续发展的能力。

在岢岚的村庄，也有大量远道而来的扶贫者。但是这些扶贫者中的绝大多数不是国际机构派来的，也不归属于各类社会组织。[1] 他们是中国共产党统一领导的扶贫计划的一部分。这些扶贫者有的是从其他地区和单位党组织派到当地的驻村工作队员，还有一些担任村庄党组织的第一书记。他们的工作任期一般为两年。2016—2020年，岢岚的每一个村庄都有驻村工作队员和第一书记，全县先后共计500人左右。这是一个小县的数字。这个数字扩大到全中国

---

① 尽管由国际机构和社会组织派来的扶贫者的数量不多，但联合国开发计划署、世界银行、美国盖茨基金会等也参与了中国的脱贫攻坚项目。参见新华社国家高端智库. 中国减贫学：政治经济学视野下的中国减贫理论与实践．（2021-03-05）．http：//www.ce.cn/xwzx/gnsz/gdxw/202103/05/t20210305_36358031.shtml.

范围，就会变得非常惊人。根据统计，脱贫攻坚期间，全国累计派出了 290 多万名驻村扶贫者。2020 年，还有 91.8 万名扶贫者驻扎在乡村。①

这个数字在全世界的减贫人力援助中是绝无仅有的记录。相比之下，2019 年联合国开发计划署全球项目志愿者人数约是 1.7 万。② 1966 年，美国政府派往发展中国家的"和平队"人数达到高峰，不过约 1.5 万。③ 中国每年仅派往贫困村庄的驻村工作队员和第一书记人数已接近百万，再加上其他的乡村支教、医疗下乡和民间组织项目的志愿者，每年进入贫困地区的援助人员可能达到联合国和美国人数的近百倍。

这样巨大的人数可能会在国际社会引起不同的看法。像霍瓦特先生一样致力于国际减贫开发的人可能认为这代表了一笔巨大的人力资源财富。另一些人则会怀疑这个数字的合理性。他们会说，这不过是中国政府在施展"威权主义"的威力。这种评价源于在政治制度方面固有的成见。

---

① 习近平：在决战决胜脱贫攻坚座谈会上的讲话．（2020 - 03 - 06）．https：//www.chinanews.com/gn/2020/03 - 06/9116635.shtml.

② 联合国开发计划署．联合国开发计划署 2019 年年度报告．（2020 - 05 - 28）．https：//annualreport.undp.org/2019/assets/UNDP-Annual-Report-2019-zh.pdf.

③ 周琪．作为软实力资源的和平队重受美国政府重视．美国研究，2011（2）：39 - 56.

为了更好地理解岢岚村庄的减贫，让我们抛开意识形态的不同观点，来了解一下关于这些驻村扶贫者的基本事实。为此我们需要回答三个问题。

第一个问题是：这些扶贫者从哪里来？表3-1包含了2020年岢岚县两个村庄驻村工作队部分队员的信息。

表3-1　驻宋家沟镇工作队员花名表（部分）

村名	帮扶单位	姓名	性别	年龄	工作单位	政治面貌	驻村起始时间
铺上村	山西省总工会	武××	男	51岁	工人晋祠疗养院	党员	2018年4月
		巨××	男	33岁	省职工活动中心	群众	2018年4月
		段×	男	41岁	省总工会干部学校	党员	2017年10月
黄道川村（北方沟村撤并）	1.晋煤集团 2.山西工程技术学院	刘××	男	52岁	晋煤集团	党员	2018年5月
		商××	男	49岁	山西工程技术学院	党员	2018年5月
		杨××	男	30岁	山西工程技术学院	党员	2018年5月

表3-1列出了扶贫者原本的工作单位。可以看出，他们并不是来自政府机关。每个村庄所对口的帮扶单位不同，驻村扶贫者有可能来自企业、银行、书店、群众团体、大学，等等。许多扶贫者原本从事的就不是政府工作，他们

也不是受政府派遣而来。即便是那些原本在政府部门工作的扶贫者，他们的工作岗位多数也和村庄减贫关系不大。不同地区和职业的扶贫者来到岢岚村庄以后，会保留原来的工作岗位，而不会加入本地政府机构之中。也就是说，这些扶贫者都是业余的服务者，他们也不隶属于本地的政府系统。这让他们在村庄中扮演着相对独立的角色。

如果说这些数量惊人的驻村扶贫者有一个共同的领导者，那就是中国共产党。这些扶贫者多数是党员，他们受本单位党组织的派遣而来，在扶贫工作期间接受本单位党组织和岢岚县党组织的共同领导。向乡村派遣大量的扶贫者，是中国共产党有组织的行为，但这不简单等同于政府行为。实际上，与很多外国人所理解的不同，中国共产党不像西方政党那样仅仅追求掌握政治权力和管理政府事务。作为一个有 9 500 多万名党员的政党，中国共产党在企业、学校、医院、社会组织和我们能够想到的几乎所有中国社会机构中都有党员，并建立了党的下属组织。在政府和政府出资的公立机构中，党组织是领导和决策的核心；在私营企业和其他非公立机构中，党的组织不决定机构管理和人事任命，而是开展服务于党的目标的各种活动。比如，在著名的高科技公司华为也有中国共产党的组织。但跟西方媒体的猜测不同，这家公司的党组织并不掌控企业的经营和管理，而是领导着公司的"道德遵从委员会"，确保公司的行为符合法律和社会道德的原则，并按照相关原则组织公司员工开展社会服务和内部的职业保障。又比如，在2020年的新冠肺炎疫情中，中国各地的医生和护士奔赴主要疫区支援。这些"逆行者"是被医院的党组织所动员起来的。他们冒着生命危险的行动本质上是志愿性的，参加者也未必都是党员。但是对于其中的党员来说，则要尽力完成组织的使命、履行党员的义务，在这个前提下再考虑自身的情况决定是否参加行动。这些例子说明了党在中国社会中所发挥的动员作用。

由于有了中国共产党的组织，中国的政治治理就具备了一种特殊的社会动员能力。党员可能从一个地方到另一个地方、从一个部门到另一个部门参加扶贫、防疫、灾难救援等活动，甚至可能零散自发地按照党的宗旨提供各种形式的公益服务。从社会服务这方面来看，党似乎很像一个规模巨大的、跨越不同领域和地域的志愿组织。说到这样的社会组织，在不熟悉中国政治的外国人头脑中可能会浮现出宗教组织、慈善团体或者是基于共同兴趣而在广大的人群中吸引参与者的民众组织。但中国共产党又不等同于任何这样的社会组织。党政军民学，东西南北中，党是领导一切的。党既掌握着国家的力量，也领导着社会的力量。因而中国共产党要比西方常见的社会组织和政党的概念更复杂。也许到目前为止，我们还不能对中国共产党的特殊性质做出让所有人都同意的阐释。但世界各国的人们至少应该用一种开放的态度增加关于中国共产党的知识。不能准确地理解中国共产党，就无法真正回答中国减贫治理中的领导问题。关于中国共产党在政治管理和国家治理中的作用，我们在第六章还有更多分析。现在先让我们把目光回到那些由中国共产党派出的、进入深度贫困村庄的扶贫者身上来。关于他们，我们还有其他疑问有待解答。

第二个问题是：他们为什么被派遣进入贫困村庄？在此我们要提出一个引人注目的观点：中国共产党派遣扶贫者进入村庄的原因，很大程度上和国际上的各种减贫机构派遣志愿者进入贫困社区的原因是相同的。在发展中国家，政府基层治理能力有限，而依靠企业经济活动推动减贫的效果低于人们的预期。[①] 越是到了偏远地区，政府越容易腐败、低效，企业越容易钻法律和道德的漏洞、追求绝对利

---

① 库恩，汪三贵. 脱贫之道：中国共产党的治理密码. 重庆：重庆出版社，2020：159-174.

益的最大化。因而，很多人相信以社会组织为代表的"第三部门"可以弥补政府和企业的不足。[①] 社会组织甚至代表了先进的政治自治模式，不但可以优化治理，还可以强化民主。

在这一点上，中国深度贫困地区的情况是类似的。因而中国共产党向贫困的村庄派遣驻村扶贫者也是出于相似的目的。在中国的政策语言中，驻村工作队和第一书记要去的村庄被称为"建档立卡贫困村"和"软弱涣散村"。前者是那些被纳入国家脱贫攻坚计划的深度贫困的村庄。"软弱涣散"指的是这些村庄常常缺乏足够的自我组织和本地治理能力。关于贫困村庄的组织涣散，岢岚一位驻村工作队员的笔记中有这样的描述：

> 在城市化、工业化的影响下，乡村地区人口流失情况严重。有能力、有条件的基本上都离开了本村到外地发展去了，村里现在留下的基本都是老弱病残、家庭有困难不能出去的困难户和一些没有本事的农民，其中痴呆、聋哑的人有好几个，这样一来村里的各项工作很难开展，连开会都叫不到人，填表这样的事也

① 萨拉蒙. 非营利部门的兴起//何增科. 公民社会与第三部门. 北京：社会科学文献出版社，2000：249-256.

找不到人或者（找到的人）不会写字。尽管两委班子[1]编制齐全，但那时两委班子成员的大部分都在种地或者在村周围务工，乡里安排的工作不能及时地贯彻下去。因此作为驻村工作队员必须敢于担当，一马当先带领在村的班子成员积极地完成任务。[2]

这样的笔记反映了脱贫攻坚开始之前岢岚贫困村庄最典型的组织状态。前一章我们介绍了脱贫攻坚中村庄内部政治是如何组织起来的，也提到了村庄的自组织并不总是处在理想状态。村干部是村庄政治中的关键人物，但他们自己也是普通的农民，也要在田地里谋生，并受到乡村生活环境所造成的在视野和能力上的局限。有时候品行恶劣的村庄精英还会侵占村民的利益。乡镇政府的官员并不总是能深入村庄、了解村民的情况。一些基层官员缺乏工作上的耐心和手段，可能造成同村庄群众之间的关系紧张，也可能会出现政治研究者所说的基层政府对村庄"过度攫取"的现象[3]。即便这些本地官员全都清廉、勤勉和能干，

---

[1]　两委班子指的是村庄内的党支部委员和村民委员会成员。

[2]　见岢岚县宣传部下乡驻村典型材料：《温泉乡付家洼村驻村工作队员——荣富》。

[3]　贺雪峰. 乡村治理的社会基础：转型期乡村社会性质研究. 北京：中国社会科学出版社，2003：272-274.

他们也未必能够动员村民。多数乡镇干部是本地人，受限于本地的利益和思维，在解决矛盾问题的时候有种种顾虑，更不要说极易滋生的裙带关系和腐败了。

因而中国共产党从本地之外派来了驻村扶贫者，给村庄注入了新的政治力量。如果我们继续使用精英这个概念，那么驻村扶贫者就是村庄中的外来精英。在执行扶贫任务期间，他们生活在村庄内部，主要工作目标是实现村庄的脱贫。他们的身份独立于政府和本地社会，既要配合政府和村干部落实国家的政策，也要了解村庄的情况、表达村民的利益。他们不像政府官员要承担短期绩效考核的主要压力，也没有个人利益得失和本地社会关系网络方面的牵扯。他们作为相对独立的第三方力量，能够扮演各种利益的平衡者，也能成为各方面力量的中间人。他们可以接替村干部完成其力有不逮的公务，也可以带动村民和村庄本地精英在政治上的成长。这些在中心城市工作、受过良好教育、有着不同背景的扶贫者还会为村庄的减贫带来外部的资源支持和思想观念层面的创新。中国各地村庄在脱贫攻坚中出现的新机制、新办法很多都是这些外来精英首先创造出来的。

第三个问题是：这些扶贫者开展的是志愿服务吗？人

们习惯于把社会组织的工作者称为志愿者。这些志愿者为了共同的理想提供某个领域的社会服务，推动治理目标的实现。如果接受前面提出的观点，我们就会同意中国共产党派出的扶贫者同样服务于组织的理想信念，在一定意义上具有志愿者式的奉献和服务精神。

这些进入村庄的扶贫者，除了获得原单位的工资和一些为了开展工作而必要的补贴，没有任何额外的收入。他们在偏远的村庄至少工作两年，个人和家庭要为此付出牺牲。我们可以通过简单估算岢岚村庄扶贫者的通勤距离来直观地感受一下他们的付出。来自岢岚县所在的忻州市的驻村扶贫者，从他们的家到岢岚的距离大约 136 公里；来自省城太原的扶贫者离家的距离达到 203 公里；来自北京的驻村扶贫者的家远在 500 公里以外。这里估算的只是到达岢岚县城的距离。从县城到达扶贫者工作的村庄，还要再走 10～30 公里的山路。岢岚是一个地域狭小的县域。在中国西部那些辖区广阔、地形险峻地区工作的扶贫者，光从县城到达工作的村庄可能就要花去一整天的时间。这样的地理距离意味着多数扶贫者只有周末才能回家。实际上，很多人一个月都未必能够回一次家。他们必须长时间离开家人，家庭责任需要其他家庭成员分担。并不是每个家庭都能承担聚少离多的压力。岢岚的一位驻村扶贫者甚至让妻子和两个儿子一起搬家到岢岚县城居住，以便于在工作之余兼顾家庭生活。

对于驻村扶贫者来说，家庭生活的牺牲只是一方面——这常常也是让他们感到最艰难的一方面——个人生活也要面临新的挑战。经过数十年的快速发展，中国多数的城市居民已经拥有了舒适的生活条件。这些来自城市的扶贫者原本从事的职业更是让他们跻身于本地中产阶层的行列。相比之下，岢岚的乡村物资短缺，没有健全的商业和服务业，气候条件相对恶劣，交通不便。扶贫者从生活舒适多彩的中心城市来到贫瘠沉闷的岢岚村庄，在物质和精神方面都要受到考验。他们的工作甚至还有一定的安全风险。截至 2020 年底，中国有 1 800 多人牺牲在脱贫攻坚一线。

很难想象如果没有一种理想主义的目标牵引，数百万名驻村扶贫者是如何在贫困村庄长期坚持工作的。虽然党组织发出了奔赴乡村的号召，党员也有义务履行自己服务人民的责任，但具体到个例来看，驻村扶贫仍然是一种高度依赖个人奉献精神的志愿行为。各地区和各单位的党组织并不会强制派遣驻村扶贫者。那些愿意接受派遣的，多数都是有兴趣服务村庄减贫并有条件处理好家庭和工作关系的人。中国共产党派遣驻村扶贫者体现的是党的宗旨。但从个人角度来看，扶贫者身上无疑也有通常我们所说的志愿精神。

但我们的描述不能只停留在扶贫者的志愿精神上。为了更好地理解中国的治理方式，我们有必要进一步分析如此大规模的人力资源派遣背后的制度性因素。在世界范围内，如何调动更大规模、更高素质的志愿者加入贫困地区的治理服务，对于各国政府、国际组织和社会组织来说都是一个重要的公共管理问题。在这里我们可以看到中国制度的特殊之处。从这个角度来说，中国共产党本身就是一个巨大的人力资源库。党对干部的选拔，有一套独具特色的机制。其中，党员的基层服务经历是一条重要的标准。党的表彰和奖励也往往向基层工作者倾斜。简单来说，党不但依靠宗旨来动员党员参加基层服务，还有一套向基层工作者提供正向激励的机制。驻村扶贫者虽然不会在基层工作中得到额外的物质回报，但除了作为志愿服务者和先进党员获得精神满足之外，他们还有机会获得政治上的发展机会，也可能获得荣誉和奖励。这已融入中国共产党的组织制度设计中。

但我们不应该因此用功利主义的视角来判断驻村扶贫者的动机。在我们的调研中，驻村扶贫者对于职位晋升或者荣誉和奖励很少表现出精心的算计。脱贫攻坚期间驻村的工作队员和第一书记有接近 300 万人次，相比之下，党组织提供的晋升和奖励的数量要少得多。一个扶贫者如果只是因为想功利地追求升迁的机会而进入村庄扶贫，无疑是一种没有把握的投机。因而，我们必须说明另一项我们在乡村扶贫者那里观察到的正向反馈，那就是扶贫者的政治成长体验。不止一位扶贫者告诉我们：在村庄有实事干，能感受到自己的贡献，这甚至比之前在城市的工作更有成就感；和村干部、村民打交道，处理关系的方式更简单、更高效。他们还感到自己在处理村庄的复杂矛盾和烦琐工作过程中全面锻炼了能力和心理素质。党员的这种政治成长是中国共产党设计基层服务制度的初衷之一。党在有基层工作经验的人中选拔干部，不应该简单地被理解为一种补偿，更主要的原因是基层工作经历让干部的政治能力更全面。对于基层工作者来说，虽然晋升和奖励的机会是不确定的，但个人感知到的政治成长体验却是确定的。这会增加他们在职业和生活上的自信。由此他们就已经在党所设计的政治机制中感觉到了收获和回报。

现在我们已经知道了数百万名中国驻村扶贫者进入贫困村庄的方式、原因和这种行为的性质。接下来我们看看他们在村庄都做些什么。我们没有机会追踪岢岚村庄的每一位驻村工作队员和第一书记的工作和生活，也不打算向读者展示他们中间典型人物的故事，也不准备全面介绍驻村扶贫工作的内容。我们仅仅以驻村扶贫者在村庄中最有代表性和挑战性的工作为例，继续说明在上一章提出的问题：如果国家的减贫政策必须在具体而复杂的村庄政治系统中激发出集体行动的组织力量，那么外来的驻村扶贫者是怎样给村庄的政治组织带来改变的？这个问题实际上代表了世界减贫治理中的共性问题。我们可以看到中国是如何应对这类难题的。

2 群众路线

全世界的减贫志愿者恐怕都遇到过一个共同的挑战：作为外来者如何获得当地人的信任，从而有效地推动实施减贫项目。即便只是在村庄打一口水井或者建一座学校，也需要得到当地人的支持。更何况中国的扶贫者要完成一些更艰难的目标，比如把那些处在生态脆弱、发展无望地区的贫困村庄整体搬迁到环境适宜的地区。政府已经在发展条件更好的地方为这些移民建造了新的房屋，并声明会设法帮助移民获得稳定的收入、为失去劳动能力的老人和残疾人提供社会保障。但无论如何，开始新生活的前提是贫困村民顺利地搬离世代定居的家园。

对于被动员搬迁的村民来说，故土难离是一种自然而然的心理。在理智上，他们知道自己生活在没有致富希望的不毛之地。用中国农民常用的话说，老天爷不赏饭吃。他们站在自己用黄土和粗砖垒成的残破院落里，放眼就能看到村庄四周贫瘠的大山。他们赖以为生的耕地分布在远近的山谷和坡地上，面积小、产出少。多数耕地没有灌溉的水源。在中国北方山区干旱气候的影响下，贫困农民甚至难以指望总能迎来契合农时的降雨。村庄里面过上好日子的都是已经搬离这片土地的幸运儿。留在村中的人羡慕曾住在隔壁空屋子的邻居，却又对自己的命运感到无能为力。他们感到自己不得不留下来，甚至宁愿留下来，因为留在这里他们至少知道怎么生存。虽然在村庄的生活艰难，但他们对走出村庄的生活更没有信心。

关于村民搬迁时犹豫的心理，我们可以看看下面这份工作记录。岢岚一个镇的党委书记在和村民的沟通中总结出其不愿搬迁的9种原因:"一是感情型,舍不下,故土难离。二是钱短,想搬搬不起。三是没有固定收入,怕搬容易,难以为继。四是习惯使然,住不惯大楼房。五是在村里懒散惯了,怕进了城不适应。六是种养大户离不开野天野地养畜。七是孺子牛型,儿女在城,收入不高,全靠在家种地接济子女。八是候鸟型,习惯冬天住城,夏天回村,搬迁后,土地复垦,从此回不了村,种不了地。九是算账型,左算右算住在村里合算。"为此,这位乡镇干部制定了3条硬规定:一是群众不自愿不主动的一律不搬;二是不得随意开口子胡应承欺骗群众;三是不许留任何后遗症。①

从上可以看出,贫困村庄的搬迁最主要的难题不是利益补偿,而是对村民心理的抚慰。这跟城市郊区拆迁的情况不太一样。世界上任何城市化快速发展的国家要修建一条高速公路,或者要开发一个新的住宅小区,都需要征用和购买当地居民的房产。这种情况下常见的争议是利益补偿。政府如果参与这类事务,就要保证搬迁者获得公平的补偿。在中国贫困村庄的扶贫搬迁中,村民的耕地不会被占用。他们搬到新居以后可以选择继续在自己的耕地上从

---

① 哲夫 . 爱的礼物 . 北京:作家出版社,2020:123.

事生产，或者把耕地流转给其他耕种者以获得租金的收益。他们原来住宅所在的宅基地可能会交易为城市的用地指标，也可能按照统一的规划复垦为耕地，从而为他们带来一笔资产性收入。政府在临近的自然条件更好的村庄和富裕得多的县城修建了新房。这些新房有的仍是农民习惯的宅院式房屋，有的则是城市小区楼房。岢岚的贫困户在搬迁之前可以去参观这些提前准备的新房。这些利益补偿对于农民来说不难理解，多数人也鲜有抱怨。关键的问题是怎么让农民相信在新的居住地他们能过上更好的生活。

在实践中，让中国的农民愿意最终走出贫困故土的因素仍然是我们之前多次提到的村庄社会关联。通常的情况下，在离家弃土这种大事上，村民更相信亲戚熟人的建议。中国各地数亿外出打工的农民工群体就有这样的特征。在乡土文化的"王国"里，熟人社会的信用有时候要比村庄之外的陌生人社会中的政府信用和法律信用更强大。因而可以想见，村庄内部的领袖人物尤其是村干部在移民搬迁中会发挥重要的作用。政府要首先动员村干部和村庄精英，然后再让其运用他们的权威去动员其他村民。村庄常常会围绕搬迁问题召开民主议事会议，村干部可能还需要挨家挨户地做说服工作。可是，在实践中，村干部也是普通的农民，他们自己也有故土难离的心理。即便村干部已经做出了表率，可是在举家搬离这种大事上，村干部的知识和眼界也常常不足以向村民描绘出新生活的图景。新居住地的生活是什么样的？如何离开土地而谋生？村干部自己心中也没底。搬迁之后许多小的村庄在地理上就不存在了，村庄的各个家庭可能分散到不同的地方，融入其他社区，村干部的地位也势必会发生变化。在各种因素影响下，就连村干部心中对搬迁也难免犹豫和迷茫。

在如此重大而艰难的问题上，谁来动员村干部和村民呢？重任很大程度上就落到了驻村扶贫者身上。整村搬迁这个艰巨任务集中地展现了驻村扶贫者发挥的特殊作用和他们在村庄工作的方式。驻村工作队和第一书记有责任辅助当地政府在村庄中落实国家的村庄搬迁政策。他们的背景让他们有能力为村民解答疑惑。但问题是：村民们为什么要相信一些从远方城市来的陌生人呢？显然，要想影响村庄政治，扶贫者就要进入村庄内部的社会关联，从外来人变成内部人。好在扶贫者会长期居住和工作在村庄，他们有充分的时间和机会建立起与村民的关系，逐步获得村民的信任。

驻村扶贫者最常用的拉近与村民距离的办法是帮助村

民劳动。为了尽快地融入当地，他们常常把大量的工作时间花在参与村庄的生产上，比如帮助农民耕地、放牧、割草、提供农产品的产销信息等。中国农民在田间地头所做的劳动，他们都参与进去，为其提供无偿的劳动力援助和信息指导。在和村民逐步熟悉以后，他们还会进入村民家中参与家务劳动，帮助村民做饭、打扫房屋甚至喂养婴儿。除了一些日常的生产和家庭劳动，他们也为村民提供一些临时的帮助，比如在返家路上帮助村民从城市购买药物、日常生活用品和劳动用具。很多时候，他们还会自费赠送村民粮食、衣服等吃穿用的消耗品等。岢岚的冬季长达半年，村民的房屋时常被冬季的暴雪或者狂风摧残，扶贫者常做的事情还包括帮村民修补房屋。

我们在第一章提到过赵家洼村。我们到访那里的时候，看到过驻村工作队如何帮助一个农户修补房屋。当时村庄的人口已经流失殆尽，驻村工作队最主要的任务是说服村中最后常住的 6 个家庭同意搬迁到县城的新居之中。我们去的那天正好遇到 4 个驻村工作队员全体协作，在其中一个寡居的老妇家修补漏水的屋顶。这个老妇命运多舛，丈夫和儿子离世多年，儿媳离家出走，留下两个天生智力残障的孙辈在特殊学校上学。她自己年龄也不小了，患有心脏病和高血压。冬天的大风破坏了她家的屋顶，夏天雨季屋顶漏水。驻村工作队员用在县城购买的建筑材料，帮助老妇补好了屋顶上破损的地方，并做了整体的防水处理。当他们完成这项工作，带我们到他们自己日常办公和居住的房屋接受我们的访谈时，我们发现房屋的墙上有一道很大的裂缝。这是他们在人去屋空的村庄中选择的一处较为完好的居所。驻村工作队员在裂缝上覆盖粘贴上了报纸，我们原以为是为了美观，后来在交谈中才得知他们是担心屋子突然倒塌，把贴在墙上的报纸作为一个简易的"警报器"，当裂缝突然扩大时，报纸会破裂发出声音，及时提醒他们跑出去。4 个驻村工作队员当时已经在这个可能坍塌的房屋中居住了 1 年多。

驻村工作队员不修补自己居住房屋的裂缝却帮贫困村民修补屋顶，不仅仅展现出扶贫者舍己为人的高尚品德。没有修补的墙壁裂缝提醒我们，这些扶贫者的目标不是在这里长期居住。他们甚至自己也不知道还要和这处危险的居所相伴多久。一旦村中剩下的村民全部决定搬离，他们也会随即离开。在过去相当长的时间里，他们可能一直都处在修不修补这道裂缝的矛盾心理中。在另一面，修补农户屋顶的行为揭示了他们面对的另一种矛盾。一方面他们要说服村民尽快搬离不安全的居所，另一方面他们又帮助村民修缮这些房屋，以便于尽量安全地居住。国家出于公共管理的良善意愿而制定了贫困村庄的搬迁政策，而扶贫者出于人道主义的良善意愿帮助村民在原有居所更舒适地安居。这两种行为看起来矛盾，实际上通过扶贫者与村民关系的跃升而最终合流。村民被感动，在情感上、心理上拉近了与扶贫者的距离。最终这个老妇与其他几户村民接受了驻村工作队员的建议，搬到了岢岚县城新修的移民安置小区居住。赵家洼村现在已经告别了它在地理意义上的历史。

除了帮助村民劳动，驻村扶贫者还需要在文化上融入村庄。对于来自城市的扶贫者来说，学会帮助农民耕田种地、饲养家畜固然是一种挑战，但经过一段时间实践后总不成问题。然而要在文化心理上让农民接受扶贫者不是"外来人"，其过程则比一般想象的要复杂得多。有经验的乡村志愿服务者都有这样的感受：仅仅为当地人提供物质和人力方面的援助，常常不足以实现对当地的深度融入。村民接受了援助，却未必会改变对援助者的看法。有时候他们会认为援助者不过是完成"他们自己的工作"。显而易见，在这种认知中，"他们"仍然是"他们"。在"他者"

身份没有改变的情况下，援助者如果减少或者停止援助，甚至会引发受援者的不满。因而全世界的减贫治理援助活动往往都面临如何调适受援者对援助的心理认知这一问题。

在岢岚村庄最成功的案例中，我们可以观察到一种扶贫者从他者向亲密者身份的飞跃。当村民把扶贫者看作"自家后生"——"我们自己的孩子"的时候，他们才会真的像听家族亲人的话一样，接受驻村扶贫者的建议举家搬离，从事新的职业，开启新的生活。贫困村庄自发自主地向外移民，几乎都是在家人和亲戚的带动下实现的。赵家洼原有的 50 户人家陆续离开村庄，往往是跟随家人的步伐或者信任亲友的建议。留下来没有搬走的 6 户人家、13 口人，我们简单地计算一下每个家庭的平均人口就可以知道，是那些缺儿少女甚至没有什么亲族关系的孤苦人家。要想让这些村民同意搬迁，村庄里面的 4 个驻村工作队员加上第一书记，5 个"外来人"就需要变成 13 个村民的新家人。如果不能打破村民的"外来者认知"，那么无论这些扶贫者为贫困农户干多少农活，他们都未必能完成村庄整体搬迁的艰巨任务。

在获得村民的接纳这件事上，驻村扶贫者最好的伙伴也许是时间。我们已经说过，中国的驻村扶贫者在村庄工作的时间至少是两年。当他们刚刚进入村庄的时候，肯定会被村民当作"外来人"。赵家洼的第一书记陈福庆刚刚住进这个村庄的时候，一户村民对他说："这个瞎沟，住的尽是七老八十的人，你来做甚？"这还是比较善意的玩笑。有时候村民甚至会采用暴力的方式排斥驻村扶贫者。有一份材料留下了这样的记录：

　　冯毅是 80 后，从小学到研究生毕业再到省直机关没有离开过省城。他兴致勃勃地踏上前去河曲的路，以为村里会敲锣打鼓欢接他，殊不料，甫一入村，胸前挂着民情卡、肩上扛着服务牌的冯毅，正停下来想把服务牌贴上墙去，不知从什么地方蹿出几个吹胡子瞪眼蛮横不讲理的村民，没头没脑张嘴就骂："又来了个什么第一书记，肯定还是不给大家办事的黑干部！"说话间就有人上前把冯毅的服务牌撕烂，扔到地上拿脚使劲踩，另几个人连推带搡，就把冯毅轰出了村。冯毅回到原来的单位。单位领导告诉他，扶贫工作哪有这么容易的事。冯毅觉得羞愧，重燃斗志，家也没有回，连夜返回。到了村里，已是凌晨三点。一大早他就自己花钱，到超市给每户村民买了一桶食用油作为见面礼，然后硬着头皮，拎着食用油，挨家挨户走访村民。村民以为冯毅被赶走，没想到冯毅又连夜回了村，被冯毅的诚意打动，心里也觉有愧，就开始接纳他。[①]

扶贫者给村民送礼以获得融入村庄的机会，这样的记录看起来有些让人尴尬，却很现实。本质上来说，送礼体现了扶贫者融入村庄的努力。最成功的乡村扶贫者不只把大量的时间花在给村民做事上面，还会通过各种其他方式主动融入村庄的文化和习俗。很多时候，这比给村民干农活更加让扶贫者为难。比如，中国贫困村庄最常见的文化活动可能是打牌赌博。肩负脱贫攻坚重任的驻村扶贫者显然不能参加村庄的赌博活动。但一些扶贫者会在村民打牌的时候，站在旁边和村民聊天。在不涉及赌博的前提下，他们甚至会接受村民的邀约加入牌局。彼此熟悉之后，村民会邀请扶贫者到家中吃饭。如果主人愿意饮酒，受邀而至的扶贫者常常还会带去一些廉价的酒共饮。有时候他们会和村民分享香烟，加入村庄男人和女人之间的闲聊。赌博、酗酒是中国贫困村庄常见的落后文化，也是加剧村庄贫困的陋俗。吸烟也不是好习惯。但在这些问题上，我们

---

① 哲夫 . 爱的礼物 . 北京：作家出版社，2020：250.

看到了一种文化融入上的变通。扶贫者的长远目标是改变导致村庄贫困的落后文化，但他们不可能在一开始就采取对抗的姿态。他们会在坚持自己原则的前提下，通过合适的方式融入村民的文化活动，获取改变村庄的力量。

这为我们揭示出一个重要的观点：扶贫者参与乡村文化活动的行为和帮助村民干农活的行为，给村民带去的心理感受是不同的。显然，为村民服务的劳动在道德上更值得赞许，但不要忘了，不管援助者态度多么谦卑、诚恳，他们和村民的援助关系的本质不会改变，在受援者那里总是存在着不平等的认知。和村民一起吸烟、打牌、吃饭、喝酒，可能存在着一定程度的道德风险，但进行这样的互动时他们的关系是对等的。扶贫者和村民在平等地交换香烟、互请酒饭和谈论家长里短的时候，"援助者"的形象消退了，"朋友"的关系开始建立起来。从"扶贫干部"到"朋友"是村民对扶贫者身份认同的一次重要飞跃。村民把扶贫者当作"朋友"之后，就不再把扶贫者的帮助看作一种援助或工作，而是看作一种朋友之间的互助。我们可以做一个思想实验，来比较一下村民头脑中这两种不同的图景：

图景一：来村里扶贫的干部经常给家里送东西。

图景二：村里来的年轻后生够意思，经常给咱家里帮衬点。

在前一个图景中，送来的东西是焦点。在后一个图景中，人是焦点。焦点的转变体现了认同的转变。在朋友式的平等关系下，村民会用自己的方式对驻村扶贫者的帮助给予回馈，比如帮助扶贫者适应村庄的生活和人际关系，邀请扶贫者参加在中国农村意义重大的婚丧嫁娶活动，等等。单方面给予的关系由此转变为相互给予的关系，也代表着村民和驻村扶贫者的关系跃入新的阶段。

在新的关系下，朋友相互帮忙，越走越近，还会走向更高层次的认同。在岢岚村庄，我们发现一些扶贫者会被农户邀请到家中吃年夜饭——当地叫"杀猪菜"。在中国传统中，一起过年是礼俗颇为严格的家庭内部聚会场景，许多地方甚至把在除夕夜或者大年初一出门与近亲之外的人见面视作一种禁忌。因此，农户邀请驻村扶贫者到家中吃年夜饭，证明已经把扶贫者视作自家亲人一般。这种高层次的"亲友"认同关系一旦出现，村民便会主动就家里的大事小情征询扶贫者的建议，就像平时接受一个有见识的城里亲戚的建议一样。两者的亲密程度越高，扶贫者对村民的影响力越大。在实践中，最成功的扶贫者可以和多个村民家庭建立起高层次的认同关系。我们在岢岚村庄采访的一个能到村民家吃"杀猪菜"的扶贫者，在 1 年多时间内成功动员了 26 户贫困户异地搬迁。

最后让我们站在扶贫者的角度补充另一个容易被忽视的事实。为了与村民建立关系，扶贫者为村民提供帮助，主动融入村庄，获得村民的信任，最终实现了包括整村搬迁在内的各类扶贫工作目标。这样的叙事看起来很完美，但其实缺失了一半的事实，那就是扶贫者自己的情感和认同变化。扶贫者刚刚进入村庄的时候，不管心理上提前做了多少准备，也总是把自己视为一个扶贫工作者。在村民把扶贫者逐渐当作熟人、朋友、亲人的过程中，扶贫者对村民的认同也在发生相应的变化。很多扶贫者也渐渐把村庄看作新的家，把村民看作亲人。在岢岚的案例中，一些扶贫者主动延长在村庄的工作年限。他们和贫困户之间的交往也超越了工作联系。赵家洼的村民搬到县城生活之后，原来的驻村扶贫者也跟随他们进入移民社区，帮助村民适应城市的新生活。有一天，我们之前提到的那个老妇挂念在特殊学校上学的两个孙辈，第一书记陈福庆就用自己的小轿车把她拉到学校去看望孩子。中央电视台播放的一部纪录片定格了这个意味深长的生活场景：曾经的驻村扶贫者和曾经不愿意离开村庄生活的老妇，一起站在特殊学校教室的窗户外，慈爱地看向教室里正在学习自己折叠毛巾的孩子。两个人流露出来的神情如此相似。他们的眼中都是看向家人的时候才会有的光彩。能有这样的时刻，原因已经不能再仅仅归结为扶贫者的工作需要或者个人品德。我们看到的是在工作中建立、最后超越工作本身的情感。只有这种双向的、真诚的情感融入，才能解释扶贫者在脱贫攻坚的村庄中所取得的成功。到此我们对驻村扶贫者融入村庄过程的描绘，才能真正超越不对等的援助者—受援者框架，接近乡村治理中的完整事实。

在村庄的工作中，驻村扶贫者和村民之间构建了新的关系。村民不再仅仅把扶贫者看作外来的援助者、城里人、国家派来的干部，扶贫者也不再只把村民看作工作对象、贫苦者、住在乡下的农民。他们彼此之间建立了平等的身份认同和亲密关系。在村民眼中，扶贫者成为有见识的、值得信任的亲友。从这一刻起，外来的扶贫者就成为村庄中有影响力的、新的政治权威人物，补充了村庄内部政治精英的力量。扶贫者作为具有特殊影响力的"村庄精英"，能够把国家的扶贫政策更好地引入村庄内部政治，把外部的政策要求转变为村庄内部的共同谋划。这对于整个脱贫攻坚进程来说都是意义重大的里程碑事件。中国在几年时间内从脆弱的自然环境中搬迁出了上百万深度贫困的农民。围绕着这一艰巨工程，在万千乡村同时发生的史诗般的基层政治沟通和社会动员，本质上是村庄政治系统得到关键性改造的结果。这种改造很大一部分是由驻村扶贫者融入村庄而实现的。

因而我们从扶贫者身上要分析的不是一项政策的成功，而是一种治理机制的成功。在几年的时间内，中国共产党动员数百万的扶贫者进入了由数千万深度贫困人口组成的、分布在数百万平方公里土地上的乡村。多数扶贫者实现了对村庄的深度融入，完成了难以想象的艰巨任务。这种大规模的成功显然不是由单个扶贫者的素质决定的。这体现了中国共产党在基层工作中的优势。中国共产党所派出的这些扶贫者，不只像全世界大多数扶贫者一样受过高等教育、有着志愿者的奉献精神，他们还继承了中国共产党的政治传统。党的知识分子进入农村、干农活、融入农村的文化、得到农民的支持和信任，这是中国共产党发展历史中的一条主航道。党领导的革命最初就是在中国贫困乡村点燃星火。革命时期党的领导人在乡村留下的照片中的形象，无论怎么看都与当地的农民气质相符。从那时候起，群众路线就是党的工作路线。新一代党员在农村的工作方法和他们的前辈在农村的工作方法是一脉相承的;当代驻村扶贫者在农村的生活和思想体验,与其前辈在农村的生活和思想体验是跨越时空而相通的。中国村庄脱贫的成功,毫无疑问也是中国共产党保持自身传统和能力的成功。

3 在数字中工作

驻村扶贫者对村庄政治的改变不只反映在移民搬迁这种引人注目的工作上,也反映在他们种种日常性的工作之中。仔细观察驻村扶贫者在村庄工作中的所作所为,我们会很容易地发现他们身上保持着某些来自村庄之外的东西。比如数量化的工作方式就是其中之一。我们甚至可以说,驻村扶贫者每天在村庄的工作不是在和村民打交道,就是在和数字打交道。前者让他们越来越归属于村庄,而后者则始终提示他们来自村庄之外的世界。这两个方面都代表了将他们派遣来的中国共产党在治理方法上的特征。

扶贫者在村庄中要开展大量的数据统计、分析和决策工作,这并不让人意外。实际上全世界的扶贫者都要和资金、项目打交道，要计算村庄的人口和家庭收入以便确认援助对象，还要想办法对自己的工作绩效做出评估。但中国的驻村扶贫者将这类数据统计工作推向了让人惊讶的细致程度。几乎你能够想到的工作环节都尽量追求程序化、数据化、规范化。所有人都是在一个规范的系统中规划工作和产出成果。这些成果也被要求尽可能地可量化、可检验和可复制。你在世界500强大公司的办公楼看到这样的工作方式，也许不会感到意外。但这样的情景在10多万个深度贫困村庄、在300多万名来自不同职业背景的驻村扶贫者的工作中出现，你一定会感到印象深刻。

让我们来看看这一切是如何运转的。驻村扶贫者的重要任务之一是帮助村庄统计贫困家庭的经济状况。我们在上一章已经介绍了村庄确定贫困户名单的方法。在村民代表会议召开之前，一个小组需要对村庄各户的经济情况进行调查，为贫困户建立经济档案。这项被称为"建档立卡"的统计工作，很大程度上落到了驻村工作队和第一书记身上。这一方面是因为他们超脱于村庄内部的利益关系，另一方面是因为他们有理解和使用现代化公共管理方法的能力。这些受过良好教育的驻村扶贫者有能力让统计工作尽量科学化。在岢岚的村庄，统计村庄贫困家庭数据的方法不断演进，已经被进一步细分为贫困户、监测户、兜底户、边缘户等类别，每一类都有相应的测量标准。在 2019 年岢岚脱贫工作的最后阶段，全县总共有达标户 8 197 户、监测户 226 户、兜底户 1 409 户和未脱贫户 23 户。这些数字背后是由家庭经济数据档案组成的系统。这个系统在很大程度上是驻村扶贫者工作中产生的成果。

　　每个村庄的驻村工作队和第一书记不但要为其所在村庄家庭建立档案，还需要每个季度不断更新这些档案。这些档案构成了村庄开展扶贫工作的基础条件，也为村庄民主制度的运转提供了支撑。在某些统计年度，一些家庭脱贫了，但情况并不稳定，因而还要继续保留记录，作为"监测户"和"边缘户"。如果有人不幸又落到贫困线之下，必须及时为他们更新档案并采取相应的帮扶措施。依据驻村扶贫者持续的数据追踪和统计，村庄和民主议事会议才能够有的放矢地作出决策，从而建立起了现代的管理机制。中国贫困村庄的治理也有了现代政府和企业管理的典型特征。

　　在一个标准的贫困户家庭经济档案中，记录着包括家庭人口总数、现有劳动力数、劳动力分布情况、家庭成员是否有残疾和疾病、疾病人员数、家庭收入、家庭收入来源、家庭现有固定资产（土地数量、牲畜数量、农机数量）在内的种种数据。我们之前已经说过，由于村庄和农户没有规范的统计方法，因而这些统计档案不是简单的加减法。驻村扶贫者面对的仿佛是一道高等数学题，计算方法充满着弹性、模糊性、灵活性，需要把概率、成分、趋势等因素演化为简明的数字结果：村庄里有多少达不到"两不愁三保障"条件的贫困户？还有多少是"边缘贫困"的？多少贫困户的脱贫是"不稳定"的？这些数字还要能通过村民代表会议的审议，接受村民基于常识的检验。贫困户的经济数据上报到乡镇政府之后，要和政府掌握的数据进行比对，包括户籍、机动车、就业、住房、低保、五保、残疾、保险、存款、证券、个体工商户、纳税、公积金等。无论在哪个阶段，关于贫困户的经济统计都是一个复杂的数学工程。

驻村扶贫者除了统计贫困户经济情况，还要分析贫困户致贫的原因，以便提供有针对性的解决方案。在贫困户的档案中常见的致贫原因包括：（1）因学：家庭经济本可基本维持，但因孩子上学而负债。（2）因病：因为家庭成员大病或慢性病就医而负债。（3）因残：因为家庭成员残疾和缺乏劳动力而贫困。（4）缺技术：有劳动能力但因技术手段落后而不能致富。（5）缺资金：有致富门道但缺乏资金。（6）自身原因：自身发展动力不足，不愿意付出劳动。

对不同家庭致贫原因进行分析后，驻村扶贫者在扶贫档案中要针对每个贫困家庭提出脱贫工作方案。这套方案也有规范的要求，一般包括四个部分：（1）农户需求：每个贫困家庭最主要的困难。（2）帮扶措施：针对每个贫困家庭的特殊需求而提供的特定帮助。（3）目标时限：解决相关问题的时间计划。（4）责任兑现：解决问题的负责人和对结果的评估。

有了这个标准化的工作方案，不但每个贫困家庭被确定了方位，每个驻村扶贫者也被确定了方位。驻村扶贫者在方案中各自有了对应的扶贫对象和工作计划。假如一个扶贫者所对应的贫困户是因学致贫，那他的主要任务就是帮助贫困户家的孩子申请助学贷款和教育资助。有时候扶贫者还会直接联系学生所就读的学校，反映贫困学生的情况，恳求学校减免学费。对于因病致贫的家庭，最重要的是确保其被纳入国家专门的医保方案，有时候扶贫者也帮其申请慈善组织的专项医疗资助，甚至帮其联系合适的医生和医院。如果贫困户缺少技术支持，扶贫者就帮助其报名参加政府举办的专门技术培训，或者自己查阅技术资料指导他们。对于缺资金的贫困户，银行有专门针对贫困户创业的经营类贷款，给他们降低了授信门槛并简化了申办手续，政府还有专门资金补助和贷款贴息。驻村扶贫者要做的就是帮助贫困户申请贷款和政府补贴，有时还会为贫困户的商业经营提供建议。即便是对那些家庭主要劳动力失去劳动能力的贫困户，扶贫者也要想方设法找到增加他们收入的可行方案。读者可以看看以下这个案例：

这是一个失去主要劳动力的家庭。丈夫下身瘫痪，完全丧失了劳动能力，家中日常劳动只有妻子一人操持，几亩薄田收成少，生活极度贫困。满院臭烘烘的羊粪是他们家唯一的财产。对口扶贫这个家庭的扶贫队员翻阅相关资料，发现羊粪经过发酵腐熟后，肥效快慢结合，是养花最好的肥料。于是自己花钱，从网上购置了有机肥发酵剂，在贫困户家院内开始了羊粪发酵。袁拴成的妻子张改兰听说羊粪发酵后能变成花肥，可以卖钱，也大感兴趣，忙东忙西，袁拴成更是喜眉笑眼，帮不上手就在旁边出谋划策。经过几日艳阳下翻堆，酷暑天的厌氧发酵，院子里黑色的臭烘烘的羊粪，终于在苍蝇的绕飞之下发酵成了一袋袋花肥。

随着花肥销售成功，苍蝇也落地变成白花花的银子。①

在各种针对致贫原因的帮扶中，也许最有挑战性的是帮助那些在档案记录中写着因"自身原因"致贫的人。这是具有中国文化特色的隐晦语言。在一定数量的人群中，总有一些人身强力壮、头脑灵光，却花销无度、挑剔工作，最终陷入贫困之中。对这样的贫困户，一般来说尤其需要扶贫者的耐心和创造力，在助贫的方法上更是要不拘一格、各显神通。我们看到的材料记录了这样一个让人印象深刻的案例：

> 贫困户陈企照是个光棍，杜亮姝以为他60多岁，询问后才知他才46岁。他哭着说："杜书记，你要管管我，想办法给我点钱花呀！"他的样子可怜，可正当壮年，身无残疾。一个"懒"字害的。这人浓眉大眼，挺适合做人物模特。杜亮姝给他买了两件棉麻坎肩，上面用丙烯颜料写上专业人物模特、电话等内容，这样他就可以上岗了。碛口古镇核心景区常年有采风写生的摄影师、画家。杜亮姝让他找一根以前的旧烟斗、旧头巾、旧裤带、旧布鞋装扮起来，哇，连杜亮姝都

---

① 哲夫．爱的礼物．北京：作家出版社，2020：82.

感到不可思议，简直不亚于自己在美院画画时的明星模特。杜亮姝把他装扮好的图片在美协群里发出，希望大家来碛口采风时可以画他，给他增加收入。他每天去碛口上班路过村委，都会喜滋滋地和杜亮姝说两句，也有埋怨的时候，说有的人画完不给钱。杜亮姝便告诉他一些小方法，比如提前定价，根据不同需求、难度调整价位，留电话，等等，原则是不能贪心，不可漫天要价。他还可以当免费导游。旅游旺季他忙得不亦乐乎。杜亮姝带朋友去黑龙庙顶拍照，他给大家讲黄河的故事，还告诉哪个位置拍照留念好看。一勤天下无难事。2019 年临县举办红枣节大型活动，名模陈企照的摄影照片登上了中国交通网。①

这些记录生动地展现了中国贫困村庄里发生的"小奇迹"。残疾的农民成为有希望的商人，不爱劳动、"浓眉大眼"的闲汉变成了模特兼导游。没有驻村扶贫者发挥的"催化作用"，这些小奇迹可能永远不会发生，或者永远不会在中国最衰败的贫困村庄中普遍地发生。当扶贫者面对一个贫困家庭的经济档案和脱贫工作计划表时，他们头脑

---

① 哲夫. 爱的礼物. 北京：作家出版社，2020：261－262.

里装着这个家庭的经济数字，但眼前却是活生生的贫困者个人。要解决工作计划表中列出的问题，扶贫者只能依靠自己的经验、知识、智慧和服务精神创造性地想出办法来。

从识别贫困户的经济状况，到分析贫困者致贫的原因，再到给贫困户提供有针对性的脱贫方案，驻村扶贫者工作的主要环节都被科学的方式规范管理起来。他们采集的数据还会通过计算机网络汇总成全国性的数据库，作为政府宏观决策的依据。反过来，对驻村扶贫者的工作绩效考核也采取了类似的科学管理方法：调查、量化、比较、评估。为了评估驻村扶贫者的工作，岢岚政府成立了专门的考核小组，设计了考核指标体系（见本章末的附表）。考核小组按照考核指标内容，通过进村入户、召开座谈会、明察暗访、满意度测评等方式听取乡镇干部、村干部和村庄群众对驻村工作队员的意见，并进行实地查验核实，最后对驻村工作队员进行打分，按照评分结果确定考核等次。驻村扶贫者通过数据指标来分析村民，村民也通过数据指标来评价驻村扶贫者。同样的管理模式在这里相映成趣，戏剧性地向我们呈现了中国治理的科学化特征。

因此，当世界关注中国的"精准扶贫"的时候，要知道这不只是一种理念，也是一种能力。科学化和数据化在中国政府管理和社会治理的方方面面都体现出来。这种特点被有的研究者称为"数目字管理"①。2018 年,《中共中央关于深化党和国家机构改革的决定》颁布,进一步提出推进国家治理体系和治理能力现代化。其中的核心之一是要实现国家治理体系的制度化、科学化、规范化、程序化。中国在历史上能够长期维持巨大规模国家的良好运转,自有其治理方式上的传统优势。今天中国共产党把治理的科学化推向了更高水平。中国共产党以马克思主义为指导思想,一贯有鲜明的科学精神底色。乡村扶贫者在村庄的工作方式,体现的是中国共产党的政治特点和治理思维。

对比上一节和这一节对于驻村扶贫者的描述,敏感的读者可能会觉察到一种反差。在与村民建立亲近关系的过程中,驻村扶贫者表现出了让人印象深刻的人文主义。他们洞悉人性、情感和社会关系。而在履行工作职责的过程中,他们又追求数学逻辑和科学思维。我们这样描述,并不是刻意表现一种戏剧性。实际上,在中国的减贫治理中,乃至在整个中国的政治治理中,总能观察到这两种特征同时存在。它们存在于政府文件和领导人讲话的语言风格之中,也存在于城乡社区的日常政治活动之间。岢岚村庄发

---

① 泮伟江. 黄仁宇的数目字管理错了吗. 读书,2020(7):33-41.

生的事不过是中国政治的整体特征在一个微观层面的投影。

　　这一章的最后让我们再次致敬中国共产党派出的数百万名乡村扶贫者。他们受过高等教育，在生活优裕的城市工作和居住。他们的加入对于村庄脱贫有重要的意义。数百万的公务员、企业员工、教师、医生、工程师、图书管理员、艺术家，变成了村庄的一分子，完成了统计专家、管理专家、社会调查者和志愿服务者的工作。他们融入了乡村，推动实施了那些最艰巨的减贫工程，并把现代化的治理方法和思维带入了国家最边远的角落。他们奋进在中国共产党解决农村问题的新征程中。他们和世界上那些伟大的扶贫者一样，被载入人类社会发展的史册。

第三章附表　岢岚县"红旗工作队"考核评分标准

主要内容	考核评分标准及说明	分值	得分
驻村工作队选派及管理方面（5分）	能够严格按照"一村一队、一队三人"的标准选派工作队员，且派出队员素质良好，驻村队员党员组织关系转到驻地（1分）派出单位保证驻村工作队的经费有保障，落实驻村干部生活补贴、人身意外伤害险、健康体检政策情况（1分）	2分	
	驻村干部全脱产、吃住在村、到岗到户、在驻地时间达到驻村要求"五天四夜"，并严格遵守请销假制度（3分）	3分	
资料记录方面（10分）	建立2014—2019年驻村帮扶工作各类台账（4分），包括：（1）建立各驻村工作队员、队长，帮扶单位人员台账。（2）建立驻村工作队、争取帮扶单位、实施项目、投入资金、捐款、捐物台账。（3）建立驻村工作队、帮扶单位实施消费扶贫台账。（4）建立驻村帮扶"七大行动"台账单位制定2020年帮扶工作计划及村户巩固提升计划（2分）	6分	
	有"七大行动"台账并记录完整，村户资料完善，线上线下数据一致，无数量质量通报情况（2分）	2分	
	驻村工作队有民情日记且记录完整、驻村工作台账记录完善齐全（1分）	1分	
	配合乡镇及时完成驻村帮扶需要上报的相关报表，且各类报表资料齐备（1分）	1分	

主要内容	考核评分标准及说明	分值	得分
政策制度落实方面（20分）	与村两委配合密切，定期召开帮扶工作会议；协助乡镇对帮扶党员干部结对到户，且所帮扶村贫困户的帮扶责任人无空缺（1分）	1分	
	协调本单位开展帮扶活动（1分）	1分	
	对贫困户开展政策宣讲（1分）	1分	
	驻村工作队对各项扶贫政策的掌握情况，工作队员对帮扶村村情、户情的掌握情况（1分） 单位组织结对帮扶责任人培训情况（1分）	2分	
	帮扶村村容村貌良好（1分）、户容户貌良好（1分）、精神面貌良好（1分），并建立长效机制（1分）	4分	
	利用社会扶贫网开展各类帮扶活动（1分）	1分	
	帮扶村的明白卡、政策牌、扶贫手册信息完整准确，帮扶村有脱贫政策宣传栏、结对帮扶责任状（2分）	2分	
	帮助帮扶村将教育、健康、民政等社会保障政策落实到位，贫困户应享尽享（1分） 帮助帮扶村公共设施和基础设施达标（1分）	2分	
	协助帮扶村抓党建促脱贫攻坚，各项规章制度健全，并认真落实好"三会一课"制度（2分）	2分	
	组织村两委干部进行政策知识培训等（1分）	1分	
	驻村干部参加党支部、村委会议，并运用"四议两公开"工作法解决问题（3分）	3分	

续表

主要内容	考核评分标准及说明	分值	得分
成效方面 （55分）	开展十项清零行动，包括：剩余任务问题清零行动；失学辍学问题清零行动；基本医疗保障问题清零行动；房屋改造问题清零行动；安全饮水问题清零行动；产业扶贫问题清零行动；就业扶贫问题清零行动；易地扶贫搬迁问题清零行动；兜底保障问题清零行动；账实不符问题清零行动（10分）	10分	
	帮助帮扶村发展可增收的产业（5分），推动发展村集体经济，集体经营性收入达到5万元，正常合理开支，并正常运行（5分）（帮扶村没有可增收产业的扣5分，集体经营性收入不达5万元的扣5分）	10分	
	利用爱心超市，定期组织开展各类评比活动，用积分改变行为习惯，并收到明显成效（3分）	3分	
	消费扶贫超市：帮助帮扶村销售农副产品情况（10分）（帮助进行消费扶贫1万元以下得2分，1万元～5万元得3分，5万元以上得10分）	10分	
	项目扶贫超市对接成功率100%（2分）	2分	
	单位投入帮扶资金情况（10分）（10万元以下得2分，10万元～20万元得4分，20万元～30万元得6分，30万元～40万元得8分，40万元～50万元得10分）	10分	
	单位为帮扶村引进项目情况（不包含消费扶贫资金）（10分）（10万元以下得2分，10万元～20万元得4分，20万元～30万元得6分，30万元～40万元得8分，40万元～50万元得10分）	10分	

主要内容	考核评分标准及说明	分值	得分
群众满意度（10分）	群众对驻村帮扶成效认可度能够达到95%以上（10分）（群众认可度达到90%～95%得7分，达到80%～89%得4分，达到80%以下得3分）	10分	
加减分（10分）	驻村帮扶工作受到省市县表彰或在市级以上媒体刊发驻村帮扶工作做法，给予加分。被国家、省市县通报和督导检查发现问题的，县级发现每件次扣1分，被省市通报和督导反馈每件次扣2分（同一问题被省市同时通报按一次计算），被国家通报和督导反馈每件次扣5分。加减分不得超过10分	10分	
合计得分			

第四章

县域治理

1 县乡干部

从这一章开始，我们的目光要暂时离开村庄，去看看整个岢岚县域。岢岚在中国的县中无疑是不起眼的一个。中国有 1 400 多个县。① 它们多数远离百万人口以上的中心城市，有着广大的区域，有着不同的风俗、地理和历史。但这些引人入胜的多样性不是这本书要谈论的。我们这本书从始至终聚焦于同一个问题：脱贫是如何在政治中实现的？因而接下来我们要分析的是县域的治理——准确地说是县的公共管理机构在减贫治理过程中的政治活动及其特点。

在对村庄政治的分析中，我们已经提到了国家的力量

---

① 截止到 2019 年底，中国共计 1 323 个县，117 个自治县；另有 965 个市辖区、387 个县级市、49 个旗、3 个自治旗、1 个特区、1 个林区，合计2 846 个县级区划（数据不包含香港、澳门、台湾）。国家统计局. 中国统计年鉴 2020. 北京：中国统计出版社，2020. http：//www. stats. gov. cn/tjsj/ndsj/2020/indexch. htm.

如何延伸进村庄。我们一直在说的国家，实际上是指狭义的"政治国家"（state）①，通常由一整套从上到下的政府公共管理机构来代表。当村干部和村民口中说到国家的时候，他们有时是指国家政治管理系统在北京的中枢，也就是党中央和中央政府，但更多时候头脑里浮现出的是这套系统末梢的、直接与村庄对接的那部分，也就是县里和乡镇的党委和政府。对村民来说，"国家政策"，就是县乡党委和政府传达的政策；"国家干部"，主要就是县乡党政干部。在中国的脱贫攻坚中，国家的政治意志和各项扶贫政策主要通过县乡党政部门和干部的履职工作而传导到村庄基层。

因此，我们有必要从县乡政治的角度来进一步了解岢岚的减贫治理，实际上也通过岢岚县域的治理来进一步了解中国的基层政治。在村庄内部政治中，我们观察到的基本上是一种横向的政治结构。村干部、村民、村庄精英和驻村扶贫者在村庄的政治活动中发生"化学反应"。总体来说，他们的政治地位是相对平等的，他们的互动关系是横向展开的。在县乡党政机构内部我们要描述的是另一种类型的政治结构：在全世界的政府和大型机构中常见的官僚

---

① 参见恩格斯 1872—1873 年文章《论权威》，载于 1873 年 12 月《1874 共和国年鉴》文集。

层级体系。这是一种等级性的纵向结构。政治活动在一个纵向的结构中发生和在一个横向的结构中发生，会有相当不一样的特点。村庄内横向政治结构的关键词如果是社会关联，那么党政机构纵向政治结构的关键词就是政治权力。政治学学者对官僚体系的权力运转已有很多研究。总体来说，多数研究者认为等级性权力体系的优点是让大规模的管理变得可能。但许多人也对官僚体系的固有缺点颇为警惕。比如政治行为主体在这种结构下可能会趋向于规避风险而压制创新，会出现部门之间的责任推诿和利益摩擦，也可能在选拔干部的过程中出现"劣币淘汰良币"的现象。^①岢岚县域党委和政府要推动脱贫攻坚，就需要克服科层结构中固有的缺点。

中国的党政管理体系还有一些别的特点。一方面，它是一个把政策信息和政治压力层层向下传递的系统。各级党委和政府的主要职能是把上级的政策向下传递，相应制定本地的政策，并对下一级党委和政府的工作进行指导、考核和监督。但到了县域党委和政府这一级，政策信息和政治压力就没有向下传递的空间了。县域党委和政府要把

---

① 韦伯. 经济与社会. 杭聪，译. 北京：北京出版社，2008：145-147；本尼斯. 组织发展与官僚体系的命运 1966//孙耀君. 西方管理学名著提要. 南昌：江西人民出版社，2002：270-283.

各层级的政策指示转化为实际的工作。如果把中国庞大的党政管理系统比喻为一座大楼，县域党委和政府就是地基和承力点；如果把它比喻为一个链条，县政权就是链条的终端和发力点。

另一方面，党政管理系统内还存在政治权威从上向下不断衰减的特点。对于党和政府的服务对象——民众来说，他们对不同层级的党政干部的权威的认知程度是不同的。比如，岢岚贫困村庄的村民可以在电视上看到国家领导人的形象和活动，从而感知国家领导人的权威。对于村民来说，这种权威和村干部的权威一样是人格化的、可感知的，因而也是更可信的。"从电视里走出来的"国家领导人来到村庄，他和村民说的话，往往能得到村民热烈的回应。相比之下，县乡基层干部的权威就要小得多。村民往往只能通过旁人的介绍，对县乡干部的职务和权力形成一些模糊不清的认识。而且越是到了基层，村民越是多多少少可以打听到基层干部的底细，他们对县乡干部的认知就越容易脱离权力的神秘感而与实际的社会生活结合起来。由于县乡干部一般不住在村庄，不属于村庄熟人社会的一分子，也难以像驻村扶贫者一样通过融入村庄政治而在村民中间建立权威。

这造成了县乡干部在村庄治理中的某种尴尬地位。脱贫攻坚的主战场在村庄，"一线指挥部"则在县委。① 但从对村庄的影响力来看，县域党委和政府正好处在一个权威薄弱的节点上。从下往上看，熟人社会的影响力从村庄向上递减，到了县域层面，对村民来说就进入陌生人社会，社会关联可能形成的权威关系逐步消减；相反，国家政治体系的权威则是从上往下递减，村民认识国家主席，却可能不知道县委书记是谁。恰恰是在县域党委和政府这个对村民来说权威薄弱的节点，承担了落实村庄脱贫政策的最大压力。县乡干部如果不能在村民中直接树立起权威，就只能依赖村干部和驻村扶贫者在村庄推动工作。如果村庄精英能力不足或者配合度不高，县域党委和政府对村庄的影响力就难以发挥，脱贫政策就会在最终环节出现梗阻。

　　县乡干部要在村庄建立直接的、人格化的、可感知的权威，几乎只有一个办法，那就是走到群众中去。只有同村民见面，让群众认识，才可能成为乡村社会中的"公众人物"，在村民中建立起权威。因此，中国各地的县委书记和县长上任以后最主要的一项工作就是走遍县域的村庄。乡镇的主要干部也是一样。这个听起来简单的办法，对于

---

　　① 习近平. 在会见全国优秀县委书记时的讲话. 求是，2015（17）：3-4.

干部来说并没有那么容易做好。即便是岢岚这样的小县，也辖有 99 个行政村。每个行政村一般又包括若干个自然村，也就是农民的自然定居点。这些村庄之间彼此相隔，山路难行。县委书记即便每天都下到一个村庄去，恐怕也要花上大半年的时间，对那些经济最贫困、管理最薄弱、问题最突出的村庄，甚至可能还需要花更多时间三番五次、挨家挨户拜访。村干部、驻村工作队和第一书记解决不了的难题，就要县乡领导去解决。走遍村庄、拜访村民、直接处理村庄内最艰难的问题是一项耗时耗力的工作。在脱贫攻坚时期全国各地普遍延长了贫困县主要党政领导的工作年限。县域内的贫困户没有完全脱贫，县领导就不能调离。许多县委书记和县长在一个县工作时间长达 8 年甚至10 年。岢岚就属于这种情况。

以下的情景可能超出那些不了解中国政治细节的人的想象：在类似岢岚一样能够迅速成功脱贫的中国县域，我们可以普遍和持续地观察到一种西方国家大选时期才会有的景象——当地主要党政干部挨家挨户去拜访居民，让居民认识自己，许诺为居民解决问题。美国的总统候选人每隔四年要去敲大选"摇摆州"居民的家门，因为这些居民的投票决定他们的职业生涯，而中国贫困县的县委书记们需要连续多年去敲贫困村庄居民的家门。这些村民的态度也影响着县委书记的职业生涯。按照国家制定的目标，乡村贫困家庭脱贫"一个都不能少"。每一个贫困家庭的态度和努力都影响到县委书记能否完成脱贫任务。可以想见，这对县乡干部来说是一项挑战。县乡主要领导出现在村民面前，他所表现出来的风度是否吸引村民，能不能和村民说到一起、切实为村民解决问题，都会影响他的威望，最终影响他推动扶贫政策的能力。

县里的主要领导不只要通过下乡走访来直接影响村民，还要通过管理来影响县乡干部群体，提升本地干部服务村庄基层的动力和能力。一个县脱贫的效果如何，与县乡干部群体的努力程度和工作能力密切相关。理想的情况下，乡镇的干部要有能力在一线领导和推动工作，县级党委和政府各职能部门要能够转化和执行上级的政策，回应和解决乡镇基层反映上来的问题。但对县域党政领导者来说，要调动县乡干部同样不容易。县乡干部一般居住在县城之中。城市是他们的生活舒适圈。完成日常性的管理职能是他们工作中的舒适区。让县乡干部到村庄中落实脱贫政策，就要让他们离开城市生活的舒适圈和日常工作的舒适区。我们在岢岚党委和政府的管理中发现了三种重要的机制，其激励和约束了县乡干部的工作表现，从而提升了村庄脱贫的成效。

第一种机制是表率。县乡干部群体受到同事尤其是上级领导行为的影响。在岢岚的调研中，我们经常听到县乡干部说："人家县委书记不是咱这里人，都这样努力干，咱能好意思不干吗？"或者说："以前大家都不这样干，你多干一点还不好意思。现在大家都这样干，你不干哪好意思。"县乡干部嘴里反复出现的"不好意思"，代表了一种组织文化压力，也揭示了中国基层治理的一种普遍机制。在第二章，我们介绍了村庄里的村民被"文明卫生光荣户""孝亲敬老光荣户"等评比所激发起来，进而重塑了村庄的组织文化。在这里，我们又看到县乡干部被类似的机制激发起来，从而塑造了基层党政部门的组织文化。就像我们在之前所分析过的那样，仅仅把这种现象描述为"面子文化"或者"羊群效应"，并不足以让我们了解这种机制是怎样运转的。关于县乡干部群体中的这种表率机制，我们有必要补充三个观点。

首先，表率机制在熟人社会中效果更显著。岢岚大一点的村庄大概有几百口人。县里的主要干部坐到一个礼堂开大会，也是几百口人。这些干部就如一个村庄的村民一样彼此熟悉，在工作和生活中密切往来，形成了熟人的圈子。用我们前面提到的术语来说，县乡干部之间也有密切的社会关联。村庄内部的小社会和县乡干部的小社会，都是熟人社会，关于一件事的消息和对一个人的评价在熟人社会中会快速传播，形成集体性的知识，受到共有价值观的评价。身处其中的人很难不受这种环境的影响。熟人社会的属性是我们理解县乡干部群体中的表率机制的基础。虽然模范的表率作用在任何人类群体中都存在，但在熟人社会中最能转化为有强大约束力的组织机制。

其次，表率机制的前提是社会群体共享的正向的价值观和组织文化。在村庄的案例中，孝亲敬老是村庄的共有价值观。在县乡干部群体中，执政为公、奉献群众是正向的价值观。一般来说，社会群体的价值观是长期形成的，很难在短时间内从零开始形成。中国村庄有传统的敬老文化。对于世界上那些没有浓厚的敬老文化的村庄，就不能通过奖励敬老者来影响政治组织，但也许通过奖励敬神者就可以实现同样的效果——如果这个村庄有敬神文化的话。世界各地的政府机构也并不总是有公共服务文化。在一些国家和地区的政府中，官员可能普遍相信自己应该为家族利益服务，有的甚至根本没有建立真正意义上的现代国家政治，而仅仅是部族政治、裙带政治穿上了现代国家制度的外衣。[①] 在这种情况下，帮助无亲无故的村庄脱贫就不会在官员群体中成为一种价值导向。传统的敬老文化和现代政府的公共服务文化，是中国国家治理中的政治资产，根植于中国的政治和社会传统之中。

最后，领导者的率先垂范是激活表率机制的关键。在政治实践中，群体共同的文化和价值观可能因为某种原因不能实际影响群体内多数人的行为。世界各地不乏此种现象。比如一些传统的宗教家庭并不真正严格按照教义行事；现代化国家的官员群体也可能在廉洁奉公的问题上口是心非。这时候，政治共同体中的权威人物以自己的行为做出示范，常常会决定性地激活共有价值观对人们的影响。在岢岚，激活乡村传统组织文化的是村庄精英，而激活县乡党政组织文化的是县域的主要领导者。群体的共同文化被激活之后，群体中的人们就不仅仅是在政治行为上敬佩和模仿权威人物，还会从广泛的社会评价中感到压力。这就是从"县委书记都这样"到"大家都这样"的飞跃。反过来，错误的表率也是如此。这让我们再次看到权威精英在

---

① 福山 . 政治秩序的起源：从前人类时代到法国大革命 . 毛俊杰，译 . 桂林：广西师范大学出版社，2012：77 - 93.

熟人社会中的特殊影响。这也是我们将这种机制称为"表率"机制的原因。

第二种机制是反馈。要让县乡干部投入村庄的扶贫中，就要对他们的工作给予公正的奖励和惩罚。在中国的干部管理制度中，干部一般不会因优秀的工作表现得到额外的物质奖励。对干部来说最重要的奖励就是获得晋升。实际上，被选拔到更高职位的机会对干部来说是物质和精神的双重奖赏。在更高的职位上，干部的工资会有所增加。这种收入差异在岢岚这样物价低廉的落后地区尤其有吸引力。但更重要的是，更高的职位意味着干部会在身边熟人社会的小圈子中得到更多的尊重。尽管公共服务的价值观要求干部把职务级别视作工作分工的不同，但职务级别在县乡干部的小社会中仍然是荣誉感的主要来源之一。

比起中央和省市的公务人员来，县乡基层干部获得晋升的机会要少很多。在利益和欲望的驱动下，一些干部为了得到提拔甚至不惜贿赂上级干部。2012 年以前，岢岚所在的山西省就出现了大量领导干部腐败行为。虽然大批行贿和受贿的领导干部后来在反腐风暴中受到惩处，但这不代表基层干部的职务晋升就会自动回归有序。当下级干部不知道怎样才能够获得提拔的时候，他们可能不愿多做任何事情，只是被动等待达到一定的资历；也可能什么方法都去尝试，比如想尽办法和上级干部建立私人关系，或者用一些夸张的宣传和华而不实的成果来获得名声。但无论如何，他们多半都不会选择去解决村庄贫困的问题，因为这种工作投入大、见效慢、矛盾复杂，容易给他们惹来非议。要提升干部在脱贫攻坚中的动力，就有必要建立一套与村庄减贫有清晰关联的晋升标准。

选拔能够在扶贫工作中融入村庄、做出贡献的干部，给他们晋升的奖励，这个责任主要落到了县委班子的身上。选拔干部是中国各级行政区划中的党组织最重要的工作之一。具体到一个县，就是县委常委会。这个小班子一般在10人左右①，包含了县委书记、县长和其他一些在本地职务最高的党政干部。他们集体讨论决定本地干部职务的晋升。如果在村庄脱贫事业上勤勉工作、卓有贡献的干部得到晋升，其他干部就会竞相效仿，形成正向激励的机制。由于县乡干部是一个相对较小的熟人圈子，他们对彼此的工作情况和个人品德洞若观火，因而这种激励作用尤其准确和直接。什么样的人因为什么样的原因得到了晋升，就像球队里的队友用什么样的技术动作取得了进球一样清晰

① 根据《中国共产党地方委员会工作条例》，县一级常委会设9～11个常委。

无比，会迅速地影响整个县乡干部群体的心理和行为。

为了保证县委常委会的小集体能够正确地选拔干部，中国共产党的组织部门探索出一套成熟的程序和方法。从程序上看，一个干部在晋升的过程中，要经过多次的、在不同范围内的民主考察评议，包括访谈、不记名的投票，等等。确定拟提拔干部名单之后，前后至少会公示两次，在公示期间接纳反对的意见——如果我们还记得岢岚村庄确定贫困户名单的程序的话，就会发现这些民主程序的细节大同小异。这些规范性的程序在全世界的干部选拔中都能见到。体现中国共产党组织特色的不是程序性的规定，而是干部选拔中的价值导向，这决定了具备什么样条件的干部更容易获得晋升。比如，一般来说，一个将要晋升到主要负责岗位的干部要在多个下级部门任过职，最好有基层工作经历——在脱贫攻坚期间往往就是指在乡镇和村庄参与扶贫工作的经历。另外，干部晋升之前一般还要脱离岗位进行专门培训。这些通常在党校开展的职务培训课程内容丰富多样，包括政治理论、国家政策，也包括各种经济、管理和文化类的课程，甚至有当下最流行的舆论态势、国际形势和科技发展，等等。有过这些经历的干部在晋升中更有优势。可以看出，中国党政干部的晋升是以持续培养、严格选拔、激烈竞争的方式进行的。

但这些通行的程序和原则并不会自然选择出最合适的干部，县委常委会成员的主观判断最后发挥着关键作用。这种关系就好比当下流行的数字化管理中机器人工智能和专家决策之间的关系：规范程序的筛选为党委领导集体的决策提供了科学参考。在最终决策的时候，县委常委会班子内部的风气具有关键影响。领导班子必须团结和公正，既能够发挥民主的作用，又能够集中意见形成决定。因而他们是县域政治中的"关键少数"。在这个关键小群体中，县委书记是最重要的主体责任者。县委常委会成员都由上一级党组织任命，常常来自不同的领域和地域。县委书记需要首先把这个小团体凝聚起来，树立起自己的权威。

在讨论治理问题时，我们不断提到权威这个词。政治学家对于政治的研究更多时候把重点放在权力之上，尤其是如何获得、分配和监督政治权力。但是对于如何在各种治理情境中建立有效、公正的政治权威，相关研究却要少得多。甚至在近代以来西方的政治文化中，民主比权威更招人喜欢。但政治治理需要权威发挥作用，尤其是在政治权力不能充分发挥作用的地方。我们已经多次谈到村庄精英的权威。如果读者阅读了那些内容，就会发现在村庄里权威和民主并不相斥，反而彼此相融。村庄精英的权威强化了民主，民主活动也巩固了权威。这一章我们又谈到了县委书记的权威。为了实现县域的减贫治理，县委书记需要建立至少三种权威：在村民中的权威、在县乡干部中的权威和在县委领导班子中的权威。在村民和同级的领导班子中，县委书记如果不能建立权威，是很难仅仅依靠权力而发挥作用的。县委书记可以通过走到村民中去建立起人格化的权威形象，通过发挥表率作用和公正的奖惩树立在县乡干部中的权威，而在同级的县委领导班子中，县委书记的领导权威的建立则可能更加依赖工作方法和个人魅力，或者用一个英文词来说叫作"治国之术"（statecraft）。当然，我们对这个词不应该仅仅采取马基雅弗利式的理解。政治家的智慧和手腕，并不一定只是用于争夺或者巩固权力，也可以成为实现有效政治治理的有利因素。从岢岚的案例来看，县委书记在本地群众和干部中间成功树立的政治权威，对于县域治理和乡村脱贫起到了关键推动作用。这一点在我们对当地各方面的调研中反复得到印证。

关于县乡干部的反馈机制还包括惩戒。在这里我们可以更多看到公权力的影子。最常见的惩戒方式是公开或者私下的批评。公开批评一般是在会议、工作考察现场和其他公开的公务场合针对干部工作的口头批评。县乡干部所形成的熟人社会对公开批评和对同僚获得晋升一样反应敏感。被批评的干部在熟悉的同僚面前感到羞愧，会有效地激发其干事的动力。这一点在大城市反倒不明显。在我们的调研中，一个从北京到岢岚临时挂职的干部告诉我们，她刚到任的时候惊讶于当地领导对下属直接的公开批评。很快她就发现，公开批评在基层管理中是有效的手段。被批评者感受到的压力不只是来自批评者，也来自消息互通的整个县乡干部群体。

实际上，中国共产党在党内政治生活中鼓励党员之间针对工作的直率批评，在党章中对此有明确规定。各级党组织会定期召开民主生活会，在会上不但上级干部可以批评下级干部，下级干部也可以并且有责任对上级或同级中地位略高的干部提出批评。县乡党委的民主生活会实际上是一个地方最主要的领导干部彼此之间提出公开批评的机制。一定程度上，民主生活会也可以看作加强党员之间社会关联的一种机制。同僚之间深入交流意见、坦诚相见，会增加彼此的了解和信任。彼此熟悉的干部会比彼此生疏的干部更重视在本集体中的荣誉。

县乡党政领导者在实际的工作中也会做出非公开的、

常常是一对一的口头批评。从表面上看，私下批评会比公开批评带来的社会压力小，但两者其实只是发挥惩戒作用的机制不同。私下批评的作用机制，要和中国基层政治中日常培养、严格选拔、激烈竞争的干部晋升制度结合起来理解。上级对下级的批评有时候会让下级感到这是上级培养自己的一种方式——因为上级至少没有当着其他人提出意见，让他没面子。但有的时候，上级的私下批评也会让下级担心自己晋升的希望变小，因而产生很大的心理压力。相比之下，公开工作场合作出的批评至少可以通过具体工作的改进来公开地证明，而私下批评会让下级更紧张，认为自己需要做全面调整来重获上级的满意。同级干部之间的私下批评也会产生作用。因为干部晋升过程中有广泛征求意见和无记名投票等程序，一个干部如果不能回应同僚对自己的意见，就可能使自己的晋升机会受到影响。

我们前面谈到的都是非正式的批评。中国政治制度中还有一些正式的惩戒制度[①]，这往往是书面的，构成了党的执纪管理的"多种形态"。正式的惩戒意味着干部犯了较为严重或很严重的错误。违法行为还会交由司法机关审判。这

---

① 比如《中国共产党纪律处分条例》所规定的处分方式，包括警告、严重警告、撤销党内职务、留党察看、开除党籍等。

些严厉的惩戒会对干部群体产生震慑效应。但我们不能因此忽视了数量更大的、几乎每天都在发生的非正式批评所构成的反馈机制。在当前中国的政治体制中,县乡干部在工作中颇感压力。在一个治理成功的地域,你通常会看到党政体系内部有效的压力传导和对压力的积极回应。

第三种机制是培养。前面我们已经提到了中国干部晋升机制中包括日常培养。对此我们有必要做进一步的对比。全世界的政府和大企业一般都有内部培训机制。这些培训包括组织文化、纪律合规和职业技能等许多方面。培训活动构成了现代管理体系的重要环节。中国党政干部的培训也是高度机制化的。岢岚县乡干部日常工作之余贯穿着各种形式的学习活动。第一种形式是党组织的例行学习活动。比如县委常委会这个核心小班子定期开会集体学习国家的扶贫政策和领导人讲话。县城乡村的各级党组织也会日常性地开展这类学习研讨性质的活动,将其作为最重要的党内政治生活内容之一。第二种形式是专门组织的课程培训。比如从发达地区邀请学者和政府管理专家到县里给干部授课。这种授课一般是专题性的,有时候在周末集中举办。第三种形式是利用互联网开展的线上学习。干部在互联网上阅读文献、学习课程,有时候要完成专门的学时和学分。

第四种形式是外出学习考察。比如在我们的访谈中，岢岚县的干部经常提到一次集体前往中国另一典型深度贫困地区贵州的考察学习。这种实地考察让干部印象深刻，因为他们可以直观地观察其他地区的工作方法，感受到其他地区干部的工作状态，对理论学习形成了印证和补充。上述这些培训活动非常频繁，参加的干部人数很多。仅 2019 年上半年，岢岚县就进行了 10 余次培训活动，参加者达到 3 509 人次。[①]

　　这些形式多样、频繁进行的培训不仅是知识性和技能性的，也是政治性的。具体来说，这些培训为表率机制和反馈机制提供了补充，进一步提升了县乡干部开展脱贫工作的动力和能力。从动力来看，不是所有干部都会出于对晋升的渴望而投入村庄减贫，因为每个干部对晋升的感受是不同的。如果他们仅仅因为害怕被批评或问责，就可能选择最保守的工作方式，缺乏干事创业的担当。培训强化了我们在表率机制中提到的正向的价值观和组织文化。努力工作、贡献村庄是一种荣誉，消极懈怠、无所作为是一种耻辱，这些正向的价值观和组织文化通过反复的培训在

---

　　① 见岢岚县文件：《强化干部教育 积蓄攻坚力量——岢岚县脱贫攻坚干部培训典型案例》。

干部群体中持续打上思想印记。只有正向的组织文化培育起来以后，表率和反馈等机制才能更有效地影响干部的行为。从能力来看，即便基层干部有了工作热情，他们也不一定能正确地履职。受能力所限，基层干部常常凭经验和直觉行事，有时候还会为了达到目的而蛮干，产生负面的后果，把"干事"变成了"出事"。在这种情况下，事情做得越多越容易犯错。惩戒机制甚至反过来让干部把干事视作风险。还有更多干部对解决棘手的问题没有信心，面对具有挑战性的任务束手无策、自我否定，工作也就无从展开。因而，在培训中学习工作的方法、借鉴成功的经验、了解规则和底线，对于基层干部的干事创业是重要的支持和保护。在岢岚这样的落后地区，基层干部的受教育水平、处理复杂问题的经验和接收信息的能力相较其他地区的干部尤为不足，培训给他们带来的提升效果就更为显著。

培训并不能体现干部培养机制的全部内涵。培训是让一个工作者获得胜任特定工作岗位的能力。培养则更像是家庭教育和学校教育的理念。自古以来，中国的政府官员就不只是一种工作岗位，而被认为是社会的表率和精英，用儒家学者的话来说是君子和贤人。当代政治中，这种政治人才观念更加现代化。2013 年 6 月，习近平总书记在全国组织工作会议上提出了"信念坚定、为民服务、勤政务实、敢于担当、清正廉洁"的好干部标准。这显然不是职业技能培训所能涵盖的。因而，如果一个外国人翻开中国党政干部的培训方案，或者打开中国共产党的网络学习课程软件，会很容易感受到在教育内容和风格上其与一般的机构职业培训的差别。我们会在里面看到大量的人文、社会科学乃至科学技术普及类的课程。这些内容看起来不太像政府机构的培训方案，更像大学通识教育的课程。它的目标不是以具体工作为核心的，而是以人的成长为核心的。党要培养的是社会的领导者、改革者和服务者。总而言之，在中国的干部培养机制中，我们可以看到大学式的人文、哲学和科学教育理念在党政体系中延伸。在岢岚这样的落后地区，许多干部都没有上过大学。但是他们在成为公职人员之后却有机会持续接受大学课程式的培养。在持续培养和激烈竞争的干部考核中，党希望培养出真正的共产主义政治家。

通过对县域党政体系内部管理中表率、反馈和培养机制的分析，我们可以理解岢岚的县乡干部怎样被动员起来投入村庄扶贫工作中。这些机制并不是专为扶贫工作而设计的。因此通过了解这些机制，实际上也可以帮助我们进一步理解中国基层政治的运转。县乡基层机构是中国国家公共管理体系至关重要又力量相对薄弱的环节。岢岚的县乡干部在脱贫攻坚的过程中普遍焕发出让人印象深刻的政治活力。即便是在最边远的山区村庄，普通村民也知道县委书记的名字和相貌。乡镇干部在村庄中投入大量时间和精力，每天似乎总有很多未完成的事务需要处理，因而总是多多少少显得疲惫、忧虑，而不是闲适、松弛。在我们调研过的部门，从专门为脱贫设立的扶贫办公室，到园林、环境、教育、招商等各类职能部门，多数的干部都能把业务范围内的数据脱口而出，对相关的文件、法规和发展历史可以侃侃而谈。他们并不显得唯唯诺诺，而是敢于表达自己的想法、观点和判断。当然，并不是所有地方的基层干部都是这样的，岢岚的干部也并不一直都是这样的。就像我们在分析村庄政治时说过的一样，国家发动了脱贫攻坚的决战，也对县乡干部形成了一种新的刺激，通过合适的机制和有效的领导塑造了干部群体的组织文化。在这个基础上，县域政府就可以高效地履行公共管理职能。这种变化本身就可以被称为一种成功的治理活动。县域党政体系内部的成功治理，为整个县域的减贫治理创造了至关重要的条件。

2 政府与市场

在了解县域政治的变化之后，我们就有了条件来回答可能从一开始就已经萦绕在读者头脑中的问题：如何保证岢岚贫困村民实现可持续的收入增长？接下来我们会分层次地揭示这个问题。站在县一级的层面上我们可以说这相当程度上取决于县域政府的经济规划——也就是说，村民的稳定脱贫除了依靠自身的努力、驻村扶贫者的帮助，也是县乡干部努力创造外部经济条件的结果。政府对经济活动的影响是一个有争议的话题。世界上流行的看法认为中国经济是由政府有力主导的。有些人认为政府深度参与经济活动有违自由市场经济原则。中国政府对这一问题有一个权威的阐述：市场在资源配置中起决定性作用，更好发挥政府作用。① 我们在这里无意参与政府和市场关系的理论争辩。我们的任务是继续描绘岢岚减贫治理在县域经济层面上的运行。当然，通过这样的描绘实际上也可以展现出

① 习近平. 决胜全面建成小康社会 夺取新时代中国特色社会主义伟大胜利：在中国共产党第十九次全国代表大会上的报告. 北京：人民出版社，2017：21.

在县域经济的微观舞台上中国特色的政府和市场的关系到底是怎么样的。

　　总的来说，岢岚县的领导者明确知道减贫是一项系统性、长期性的经济发展工程，不能依靠政府一己之力，也绝非一朝一夕之功。因为中央从一开始就明确计划了扶贫政策"怎么退"的问题①，也就是说，国家的帮扶要按计划逐渐退出，大量的驻村扶贫者最终会离开村庄。这一切都意味着岢岚刚刚脱贫的农户不可能长期依赖政府直接的经济扶持，他们必须找到可持续的收入来源。在乡村全面脱贫计划如期完成后，国家还设置了5年的脱贫巩固期。也就是说，在2020年以后的5年之内，岢岚政府必须避免本地村民在国家脱贫攻坚任务结束后出现返贫的现象。为此，岢岚政府就必须设法彻底解决乡村家庭自己维持收入的问题。可是，岢岚多数居民仍然在村庄从事农业劳动。自古以来这片贫瘠的土地就收成微薄。即便在丰收的年份农民有了盈余的农产品，也因为交通等原因销售成本高昂。更不利的变化是，在市场和交通不发达的时代农民本可以通过传统集市售卖农产品，而今天贫困山区之外的市场经济

————————

① 中办国办印发《关于建立贫困退出机制的意见》（全文）．（2016-04-29）.
http：//www.cpad.gov.cn/art/2016/4/29/art_46_48830.html.

已经高度发展、交通物流成本大大降低，农产品不再局限于本地销售，而是在区域销售甚至在全国性市场上竞争。岢岚县城的居民不再只是采购本地农民生产的粮食和蔬果。在这种变化之下，传统的本地集市迅速衰退，贫困村民的盈余农产品到哪里去卖越发成为问题。

因此，普遍的、可持续的脱贫必须在经济生活的宏观改造中方得实现。岢岚地区的农民要脱贫，最佳的选择是在制造业和服务业中获得新的收入来源，或者从事利润更高的经济农作物产销。在过去的几十年中，中国各地的数亿农民都是通过外出打工而逐步富裕起来的。但对岢岚地区多数至今仍然留在村庄里的人来说，依靠自身力量已经很难迈出这一步：他们或是因为贫病衰老而能力不足，或是因为自身性格和受教育水平而意愿不强，抑或是因为其他家庭成员的牵绊，可以说是家家有本难念的经。这些最后的贫困者要获得打工收入，从现实条件来看最好从县域本地最简单的非农业工作做起。

然而，岢岚县域无法提供大量适合这些最贫苦农民的工作岗位。2015年岢岚县总共8万多人口，原有2万多人居住在县政府所在的岚漪镇。长期以来，县城没有成规模的制造业。利润最好的企业从事的是对附近煤矿产区运出的煤炭进行初步清洗，以便转销到城市。这样高劳动强度的、环境恶劣的工作也已经被那些年轻强壮的劳动力占据，不适合老弱的贫困村民。从服务业来看，县城只有屈指可数的几条商业街道，商店、餐馆和旅社几乎都是个体经营。本镇家庭自营的小本生意，很难给山里村庄来的打工者提供就业空间。随着贫困村的整体搬迁，7 000 多名山区的贫困农民搬到了县城统一建设的移民小区（见图 4-1）。这些贫困人口都需要在县城找到一份工作，否则他们失去了农业耕种所带来的生活保障，可能会陷入新的具有城市特点的贫困中。

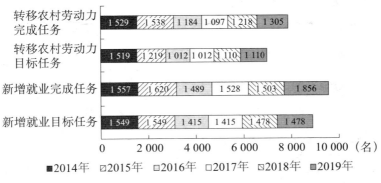

图 4-1 2014—2019 年岢岚县新增就业及转移农村劳动力数据

因而，岢岚政府在经济上要解决的第一个问题是吸引外部企业到县域内投资，这样才能创造出超过本地自然经济活动所能产生的新的工作岗位。在中国的经济发展模式中，招商引资主要靠本地政府官员的努力。如果严格按照市场要求办事，很少有企业会到岢岚这样的地方来投资。对于企业来说，岢岚地区人口少、市场小，劳动力老龄化，全境缺乏自然资源，冬天气候严寒，没有好的教育和医疗配套。这些因素全都不利于企业的发展。像岢岚这样的落后地区唯一的优势可能是劳动力和土地等要素成本相对低廉。但在中国广阔的腹地，土地、劳动力和税收成本低廉的地区还有很多。为了实现本地经济的发展，中国各地政府在吸引企业投资上激烈竞争，不断拉低企业经营的各种要素成本，这甚至被经济学者视作中国经济制度成功的关键秘诀。[①] 在这种白热化的地方政府间的招商竞争中，岢岚政府很难提出更优惠的经济条件让外地的企业搬来。

然而岢岚的招商竟然成功了。2020 年，岢岚县城周边规划的胡家滩扶贫产业园已经初具规模。这片企业园区占地 805 亩，已经入驻企业 15 个，包括 6 个现代农业项目、6 个新型工业项目和 3 个新业态综合性项目，总投资 36.9 亿元。产业园全部建成后，可提供就业岗位 3 000 余个，能保证搬迁进入县城广惠园移民小区居住的 1 400 余户贫困家庭中，每个家庭至少有 1 人实现稳定就业。胡家滩扶贫产业

---

① 张五常. 中国的经济制度. 北京：中信出版社，2017：166 - 169.

园从谋划到落地、从项目到产业、从低端到高端，不过短短2年时间，取得了令人惊讶的成绩。

像岢岚这样的中国贫困县是怎样成功获得企业投资的？跟多数与商业相关的行为一样，岢岚招商的成功确实需要一点运气。2017年北京市发布了新的城市总体规划。这个离岢岚500多公里的中国核心都市，开始调整城市经济结构，限制规划外的产业发展。大量不符合北京市产业规划的企业开始迁出这个中国北方的经济中心。北京周边河北、天津的企业受到北京转移出来的优质企业的挤压，也随之向更远的地域寻找发展空间。这种偶然发生的经济变化给大山之中的岢岚带来了新机会。在岢岚县城广惠园移民小区中建立的皮具加工车间为贫困移民提供了就近的打工机会。这个服装制造企业就是从北京附近地区引进来的。这种劳动密集型的产业不再为北京这种大都市所青睐，却可以为几万人口的岢岚解决贫困人口就业的问题。

但这种偶然的外部因素不足以解释岢岚为什么能从与邻近地区的招商竞争中胜出。在接受我们访谈的时候岢岚产业园负责招商的政府官员将自己的成功秘诀总结为"以情招商、以商招商"。所谓"以情招商"，就是企业认可岢岚政府的诚意。岢岚招商每次都是由县委书记和县长轮流带队，每个月固定两次外出找有合作潜力的企业商谈，争取定期成功引进企业来到岢岚。这种"每月走出去、每季请进来"的制度被纳入了政府制定的"12＋4"招商引资工作法。岢岚县甚至在北京周边产业集中的地区建立了机构和固定的交流机制。一回生，二回熟。负责招商的官员认为，外地的企业看县里主要领导三番五次上门，感觉受到了尊重。县领导和企业家交上了朋友，企业才会放心来投资。"以情招商"指的就是这种感情联系。

这是县里的干部创造的词语。实际上企业并不会仅仅因为感到尊重或者认可县领导就简单地做出投资决定。前面我们描述了岢岚县乡干部在脱贫攻坚中塑造了组织文化。在我们看来，"以情招商"实际上体现了这种组织文化所发挥的作用。岢岚干部所表现出来的态度、精神和"个人魅力"构成了一种吸引企业的比较优势。高效清廉的政府对企业来说意味着更低的政治风险和交易成本。2020 年岢岚新立项的 17 个项目中有 5 个项目实现当天签约当天注册，另有 5 个项目从签约到立项在一周内完成。这种高效率是政府内部组织文化变化的结果。组织文化构成了吸引企业的营商环境。招商团队的干部可能连自己都没有意识到，这种组织文化的吸引力不只体现在县里主要领导身上，也体现在他们自己身上。我们在调研中接触到岢岚招商部门的干部，在日常的工作中他们都身着正式的西装，说着相比于其他当地干部更标准的普通话，精神抖擞且举止有度。我们专门了解了他们的简历。这些干部都是从岢岚本地党政部门中选拔、培养出来的。从外表上，他们看起来已经不像小县城的干部，而像大公司中的商务团队。这显然也会对企业形成一种文化上的吸引力。

所谓"以商招商"，就是政府为企业规划上下游的产业链条以降低企业经营的成本。这对县域政府的经济管理水平提出了很高的要求。岢岚是一个缺少经济人才的地方，政府官员的经济管理知识几乎全靠培训和自我学习获得。政府官员在做产业规划时要了解产业发展和企业经营的实际需要，同时还要把贫困户的就业需求考虑进去。岢岚政府在胡家滩扶贫产业园设计了一种"园区＋公司＋合作社＋贫困户"模式，试图形成全产业链闭合体系。例如，政府引进 6 个外部企业来建设农副产品加工基地，将本地农民生产的羊肉、沙棘、马铃薯、食用菌等加工为产品，实现附加值提升。为了带动加工农产品的销售，政府依托中国著名的电子商务企业，建立了数字经济产业园。较短时间内，全县的农副产品互联网线上销售年营业额达 3 亿元。完整的原料采购、生产、加工和销售产业链条，反过来又吸引了越来越多的企业落户岢岚。

除了基于产业链条整合的系统性思维，岢岚政府的产业规划还体现出了基于技术和产业发展方向的前瞻性思维。这集中体现在能源产业的规划上。岢岚附近地区是中国最重要的煤炭产地。岢岚全境没有煤炭资源，其居民原先就只能从事污染性强和劳累的"洗煤"工作。随着中国政府宣布加入《巴黎协定》、提出实现碳中和的目标，岢岚附近的煤炭产业面临向清洁绿色能源转型的历史关口。在这种情况下，"洗煤"似乎构成了一种新的隐喻，预示岢岚有了"弯道超车"，引领临近地区清洁绿色能源转型发展的机遇。为此，岢岚政府将广东和太原先进的能源研究机构引进县城，通过"产学研"联合带动新能源企业和项目落户本地。目前岢岚县城内投资 9.8 亿元建设的生物发电项目，年收购废弃秸秆 30 万吨，带动全县农户增收 6 600 万元；计划实施鑫宇焦化 100 万吨技改项目、低阶煤清洁高效利用项目、尾气提氢项目，建设西北地区最大的氢能源生产基地。

如何吸引企业进入岢岚是一个问题，如何让企业带动贫困户就业却是另一个问题。政府不能强制企业招聘贫困家庭的劳动者。企业必须有雇工的自由，否则企业就不会来投资，或者即便来了也会离开。为了推动本地劳动者有机会到新建的企业工作，政府对贫困户开展了有针对性的技能培训，并向企业推荐用工。但这不是强制性的，也不能指望这些现代企业能够完全解决贫困户就业的问题。岢岚许多贫困人口都是老年人和残障者，缺乏学习掌握新技能的能力，一般只能从事简单的手工业和服务业劳动。受益于政府培训和企业用工的，还包括本地和周边的其他劳动者。县城新建的现代企业虽然未必能直接吸纳所有贫困户就业，但可以整体提升县城居民的收入水平，从而促进消费的发展、繁荣本地服务业。更加繁荣的服务业又可以为缺乏技术和知识的贫困户提供门槛更低的就业岗位。此外，企业的发展会增加政府的税收，也增强了政府直接扶持贫困人口的财政能力，最终让贫困户获利。

招商引资所带来的就业机会对于县域内不同地区来说也是不平衡的。岢岚下属的一个乡镇曾经努力争取箱包加工厂落户乡里，但最终因为本地无法提供企业所需的100名以上青壮年劳动力而泡汤。贫困村庄的农民可以到县城打工，但天生属于城市的企业却很难进入贫困村庄。

为了填补偏远乡镇和村庄的就业缺口，扩展农业人口的收入渠道，政府除了在县城引入企业投资、建设开发区，还实施了其他类型的经济规划，最具代表性的就是村庄"小产业"①。为了让仍在田间耕种的数万山区农民更加"有利可图"，需要让农民有机会从事经济效益更高的农业生产经营项目。岢岚地区的农民原本日常就饲养一些牲畜，尤其是养羊和养猪。另外，这个干旱高寒的地区还可以种植用于制作饮料的沙棘，以及一种可以作为食品和药品的红芸豆。农民自然知道饲养牲畜和种植经济作物的收入要多于种植粮食。对贫困户来说难题出在两方面。首先，这些营生需要较高的投入。但贫困户既缺乏资金，也缺乏经验和技术，甚至缺乏足够的劳动力。其次，各家农户分散生产的经济性农产品销售起来很困难，盈利前景不明朗。本地自发的传统集市正在衰退，只有规模性的销售才能降低成本，并使农产品有机会进入更广阔的外部市场。

农民建立合作社是解决上述两方面困难的可行方法。这些合作社最重要的使命是为村庄中的贫困家庭在种粮之外提供补充性的收入。从本质来看，政府在乡村规划建立合作社而形成的"小产业"就是要进一步改造传统的自然

---

① 岢岚县农户开展"四小工程"增收行动，包括小养殖、小种植、小买卖和小光伏。

农业。农业发展是世界性的目标，也是世界性的难题。联合国 2030 年可持续发展议程提出了 17 项可持续发展目标，第一项目标是消除贫困，第二项目标是消除饥饿。实际上农业发展是消除贫困和消除饥饿的前提条件。人类不可能仅仅依靠发展城市和工业而消除贫困。如果农村和农业现代化问题不解决，城市和工业的可持续发展也会面临威胁。

但从历史实践来看农业的合作经营并不总是高效的。20 世纪 50 年代以后，中国农村曾经在党和政府推动下普遍建立了合作社，但当时的合作社实际上不是企业性质的。这段历史证明，只面向政府计划、不面向市场需求的农业合作社存在不足。1978 年以后，中国开始在农村推行家庭联产承包责任制。这种制度实际上让生产的基本单位再次回归到农户家庭。在家庭生产的基础上，农户之间再开展一定程度的采购、生产和销售合作。这一制度发展几十年后，中国农村已经基本解决了粮食短缺问题，其中许多农户通过更有经济效益的种植增加了收入，自主实现了脱贫。还有大量年轻力壮的农村人口离开了村庄，不再从事农业劳动，进入城市工作生活。直到今天，在岢岚这样最后的深度贫困地区，以家庭为单位的生产方式已经很难解决本地的贫困问题了。新型合作社的使命是要把那些在市场经济和人口自由流动中落在后面的、最贫弱的家庭联合起来，以"企业"的形态在市场竞争中寻求摆脱贫困的机会。让我们来看看岢岚村庄所建立的新的农业合作社有哪些特征。

一方面，新的合作社是一个市场主体。农民以家庭为单位，入股合作社，或者以劳动力形式参加合作社的生产，获得工资和分红，同时也分担经营风险。跟 20 世纪 50 年代建立的合作社不一样，这些新的合作社基本都不从事粮食生产，而是种植经济作物或者开展养殖业。一个合作社一般专注于一个主营业务，比如养殖合作社就是成员联合出资共同饲养和销售牲畜，造林合作社就是联合起来承包国家和慈善组织的造林工程，相当于从政府购买服务中获得收益。造林合作社如果种沙棘的话，还可以取得沙棘果销售带来的收入。由此可以把这些经营看作农民在种粮之外创立的共同副业。作为一种市场行为，农民的这种投资是有风险的。比如第二章我们提到过的养驴合作社，在我们调研的时候就正好面临着经营的烦恼。岢岚传统上不是养驴的地区，人们养大的驴面临销售成本较高的挑战，正在考虑养一些羊和牛作为补充，以缓解财务上的压力。

另一方面，新的合作社背后又有政府的作用。政府想要解决的是农民的收入增长问题。这些合作社一般都是在政府的指导下建立的，并根据政府的区域经济规划来确定经营的产品。纯粹从商业视角来看，很少有投资人或者银行会青睐这些合作社。它们绝大多数都不可能发展为利润丰厚的组织，管理这些合作社的也不是商学院毕业的知识精英，而是贫困农民。贫困户联起手来经营合作社，既没有充足的资金，也没有足够的能力来了解市场、判断风险、优化管理。如果没有政府的指导，这些合作社既很难产生也很难存续。政府对合作社的影响体现在下面这些方面。

首先，政府为参加合作社的贫困户提供了基本的本金。这些资金来自财政扶贫款和国有银行的专项贷款。按照"扶贫先扶志"的原则，政府尽量避免让贫困户把拿到手的扶贫款用于不能产生收益的消费活动，鼓励村民利用扶贫资金入股合作社、开展劳动和经营。"授人以渔"显然是更好的选择。

其次，政府还为合作社提供经营指导。整个县、每个乡镇开办哪些种类的农业合作社，很大程度上是政府规划的产物，目标是发挥本地经济的比较优势和规模效应。岢岚政府确定了 6 种具有比较优势的农产品——绒山羊、红芸豆、马铃薯、沙棘、食用菌、生猪，再加上中药材等其他经济作物，有计划地指导各个村庄合作社选择其中的一种作为经营主业。① 对于发展较好的合作社，政府还会促成兼并和规模经营。比如王家岔乡的合作社就在 2019 年 7 月转型成为有限公司，成为一家集毛家茶种植、加工、销售一体化的本地龙头企业，通过"公司＋基地＋农户"的发展方式辐射带动周边的茶产业发展。

再次，政府把县域招商引资的规划同乡村合作社的规划联动起来。按照政府招商规划，岢岚县城引进了多个现代农产品加工企业。村庄的合作社为这些加工企业提供农产品原料，既稳定了村庄合作社的销售渠道，又解决了县城加工企业的上游原材料供应，再通过现代企业集团的销售渠道和电子商务企业的助力，把加工产品销往下游市场。通过大约 640 个小小的村庄合作社，现代农业产业链条延伸进了岢岚千沟万壑的山间，再通过企业的规模化经营走出大山之外，进入广阔的国内和国际市场。现在岢岚的红芸豆甚至销往法国、德国、西班牙、意大利和俄罗斯等欧

---

① "一村一品"是中国重要的农业建设项目，2005 年 11 月，在农业部的主导和推动下，该项目正式启动，其指在一定区域范围内，以村为基本单位，按照国内外市场需求，充分发挥本地资源优势，大力推进规模化、标准化、品牌化和市场化建设，使一个村（或几个村）拥有一个（或几个）市场潜力大、区域特色明显、附加值高的主导产品和产业。"一村一品"项目的成熟对脱贫攻坚和乡村振兴意义重大。

洲国家，出口量占据了全国出口总量的 1/3。

最后，政府还会为合作社提供技术支持。除了一般的技术指导，科学的规划也可以增加单位土地的产出效率。例如，按照专家的建议，造林合作社在山坡上种下了沙棘，在林下配种草本的中药材，在最下方的地面再种上菌菇。这三种农产品都在政府农业产业发展规划之列，能就近收购加工，也都受到中国城市消费者的欢迎。岢岚各个村庄的造林合作社在荒山上开发了数千亩这样的立体生态系统。①造林合作社也成了岢岚县域内经济效益最好的合作社种类之一。

到这里也许我们可以从更广阔的背景谈谈中国政府和企业的关系。改革开放之初，中国的许多企业就像岢岚村庄的这些小型合作社一样，从贫弱中起步。作为一个巨大的发展中国家，中国政府的经济规划在企业成长的早期发挥了重要作用。今天，中国已经产生了一批让世界市场上的竞争对手感到敬畏的明星企业。随着企业的成长，中国政府和企业的关系也在不断发生变化。当企业强大到一定程度，企业的投资和研发就取代政府而影响产业前沿的发

---

① 来自岢岚县脱贫攻坚的典型案例：在浅山丘陵区撂荒坡耕地实施特色经济林项目，建设沙棘林育苗基地 300 亩，林下套种中药材示范基地 3 000 亩，林下培育菌菇示范基地 3 000 亩，利用荒坡种植仁用杏 1 万亩，实现了林业产业多元化。

展方向。这就是中国政府所说的"市场在资源配置中起决定性作用"的一部分含义。然而，当我们看向岢岚山区由最贫困村民组成的合作社的时候，不要忘了中国政府扶持企业成长的轨迹原本起步于贫困国家改变经济命运的努力，而不像一些西方媒体所说的出于某种恶意的竞争手段。岢岚村庄的合作社也许永远不会让世界市场感到震撼。但当地人改变自身命运的努力却一定会获得其他国家人民的尊重。人们如果对岢岚政府帮扶村庄合作社的故事抱有同情，就会对中国政府和企业关系发展的历史有更深入理解，并为这一关系的继续变化抱有开放的态度。

我们从经济规划的角度了解了岢岚政府如何招商引资和发展合作社，最后让我们再看看政府在发展本地服务业方面的作为。在脱贫攻坚的过程中，政府投入的资金决定性地改造了村庄的基础设施。崭新的、经过统一设计的村舍以及平整和畅通的道路，给服务业的发展创造了新机会。2019 年岢岚县住宿业营收额为 3 642.3 万元，相比 2015 年增长 82%；餐饮业营收额为 19 067.5 万元，相比 2015 年增长 63%。[1] 这样的成绩对于一个偏远的、缺少旅游名胜的县域来说实属不易。在世界上大多数的乡村地区，旅馆和餐

---

① 见岢岚县文件：《岢岚县 2019 年国民经济和社会发展统计公报》。

馆的营业额在数十年之内都不会发生显著的变化。这些数字证明岢岚不再是一个被人遗忘的角落，本地经济生活正在加速转变。

服务业的发展同样是政府精心规划的结果。如果岢岚处在北京或者太原这种大城市的周边，许多村民可能早就通过自主发展乡村旅游"周末经济"而致富了。可是这个大山之中的县远离任何一个百万人口以上的大城市。因而岢岚政府必须设法让中心城市里富裕的人们愿意驱车上百公里，来到这个群山环绕的地方找点有趣的事情做。那些善于营建乡村豪华度假酒店的著名企业也需要更充分的理由才会青睐这个地区，尤其是在岢岚地区有着长达半年的、让游客望而却步的严寒冬季的情况下。

岢岚政府下定决心开发县城东南的一条山沟。这条山沟一侧的山脊上有一段据说是 1 000 年前留下的宋代长城的遗迹。残破的城垣沿着山脊蜿蜒进入高山之中。这里的长城用当地片石砌筑，虽经千年风雨剥蚀，却依然屹立不倒。北京的长城脚下开发了游人如织的度假小镇。岢岚政府决心像北京那样在这条独特的宋代长城脚下修建度假酒店和其他娱乐设施，并且带动山沟里几个村庄的服务业发展。2020 年夏天我们最后一次去岢岚调研的时候，这些旅游设施还在建设之中，宋代长城已经被小心地按照原貌翻修。长城脚下度假小镇的街道已经初具规模，正在加紧建造高端酒店客房。街道两侧的商铺还在招商。在这个度假小镇附近，山沟里的几个村庄按照中国传统田园风格统一修整了房屋。村民穿上制服在街道上指引车辆，并确保村庄的地面上没有任何垃圾。据说在山沟的深处，岢岚政府正在规划筹建滑雪场。目前中心城市的富裕家庭对冰雪运动的兴趣正在快速增长。如果能够吸引到冬季的游客，这条山沟的旅游业就可以全年营业。一切看起来颇有希望。

但就在几年前，这条山沟还是毫无希望的不毛之地。发展的希望是由当地政府的规划带来的。岢岚政府利用扶贫资金重建了村庄，以文物保护的名义申请了专项资金修复长城。他们有优秀的招商团队，说服了著名的旅游酒店投入资金开展一场商业冒险。另外，村庄的组织文化已经发生了蜕变。村民能够组织起来提供本地化的服务。山沟里几个村庄的第一书记和驻村工作队员格外忙碌。他们想方设法研究了城市服务业的标准，精心地帮助村干部和村民做好村庄的每一个细节。村庄合作社和经济能人将精心制作的特色豆腐、高粱酒和茶叶摆进商铺贩卖，成为这个旅游小镇上的第一批商业弄潮儿。我们不知道这场商业冒险是否能够成功。如果成功了，它起源于政府在产业规划中推倒了第一张多米诺骨牌。

3 收入保障

政府的产业规划在县域的城镇和村庄发展了企业、活跃了市场，但这不足以实现"一个都不能少"的全面脱贫目标。尽管新的政策设计可以让许多贫困户在市场中增加收入，但有一个事实仍然不会改变：并不是所有人都能在市场经济活动中稳定地谋生。越是贫困的人口，在市场中越弱势。无论是县城里新来投资的企业，还是村庄中建立的合作社，都会给那些劳动能力、学习能力和适应现代经济能力最强的村民带来更多机会。即便是这些幸运儿，他们初步重建的经济生活也经不起一场重大疾病的打击。而且这些贫困人口会越来越年迈，在市场上的竞争力会不断降低。他们在余生中要稳定地远离贫困，就需要一些确定的保障性的收入。这个责任再次落到了政府身上。因此，我们有必要知道政府如何为贫困人口提供基本社会保障，并通过特殊的政策设计为农民提供基础收入。

按照"两不愁三保障"的脱贫标准，政府必须为贫困户提供医疗和教育保障。这两项社会保障的主要受益者是老人和未成年人，他们也是在市场活动中最弱势的人群。岢岚地区的医疗和教育条件都乏善可陈。政府首先要弥补医疗和教育基础设施的短板。在脱贫攻坚的几年时间内，岢岚政府一共投资、新建和维修了 139 个村庄的卫生室。每个村庄都配备了 1 名乡村医生。这些乡村医生还首次拥有了一套足够日常使用的诊疗设备。在教育方面，2016 年以来，政府累计投入 7 118 万元用于中小学幼儿园校舍维修、教学设备购置以及教育信息化建设。为了让这些学校有更好的教师，政府招录了 137 名农村特岗教师，还有上百名校长和教师到乡村学校短期交流。此外，一所师范大学每年都会选派一些本科大学生来岢岚支教。为了让乡村教师能更积极地工作，政府还设法提高了教师的收入，2016—2020 年累计补助 951.97 万元。

有了更好的医院、学校以及医生和教师，政府还需要保证贫困的村民看得起病、上得起学，否则更好的医疗和教育资源对于贫困村民来说也是摆设。政府动用财政资金为所有贫困户购买了基本医疗保险、大病保险、补充医疗保险、基本养老保险和扶贫救助保险（见图 4 - 2）。这些保

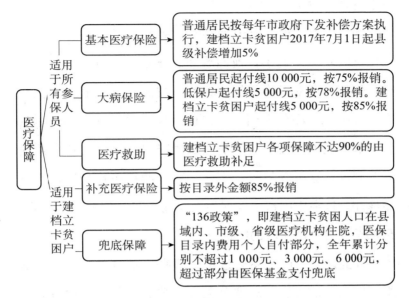

图 4-2　岢岚县医疗保障执行标准

险如果转化为收益，大概每人每年平均享受 3 518 元——这甚至超过了最贫困农民往常的年收入。2019 年，岢岚城乡居民医疗保险参保已经接近全覆盖。岢岚县全年门诊报销总金额 554.4 万元，贫困户报销占比 75%；住院报销总金额 6 798 万元，贫困户报销占比 61%。① 这些数字证明越来越多的贫困村民愿意到医院接受正规治疗，而不是在家中把小病拖成了大病，最终加剧贫困。完整覆盖的医疗保险

---

① 见岢岚县文件：《2014 年底至 2020 年 6 月底城乡居民医保报销情况》。

体系有效减少了"因病致贫"的现象。

当然，就像世界上绝大多数的普惠医疗保险一样，如果岢岚的农民生病了，他们看病总还是需要自己掏一部分钱。例如，根据保险的报销标准，贫困户的大病医疗支出在 5 000 元以下的部分仍然要自己承担。为了进一步打消村民不敢看病的顾虑，县政府对贫困户设立了"先诊疗后付费"制度。县医院的医生不能等病人缴纳医疗费以后再开始诊疗。这在中国这个发展中国家还不是一个普遍的原则，是赋予乡村贫困家庭的特殊权利。

除此之外，政府还通过重度残疾人护理补贴、基层党组织助残扶贫工程、彩票公益金、政府赡养等多种方式为没有劳动能力的残疾人提供基本生活保障。2019 年，岢岚县重度残疾人护理补贴补助了 1 135 个残疾人，每人每月可以领取 50 元专门购买护理服务；基层党组织助残扶贫工程补助 37 人，每户按 3 000 元/年标准进行扶持；彩票公益金资助残疾人家庭子女中的大学生 7 名，每人每学年补助 3 000 元。[1] 对于部分身边无人照料、生活自理有困难的独居老年人、残疾人，政府还采取集中供养的方式。在岢岚县有 35

---

[1] 见岢岚县文件：《岢岚县残联 2014 年底到 2020 年 6 月底脱贫攻坚以来残疾人保障工作情况》。

户 37 人被识别为集中供养对象，享受着政府提供的"房子住得美、不愁吃穿、看病吃药有人管"的全方位兜底保障服务。

　　新建的学校设施也不能浪费。依照中国的义务教育法，所有公民都要接受免费的从小学到初中的教育。在岢岚，小学和初中的入学率已经达到了 100％。为了让考上高中和大学的贫困家庭子女不会没钱上学，政府整合了公共和私人的种种教育资助计划，并在县里设立教育基金，为他们提供资助。5 年间，岢岚县累计投入教育扶贫资金 6 646.94 万元，惠及 37 220 人次。如果一个本县年轻人考上了大学，他可以申请不同类型的资助来解决学费和生活费不足的问题。县政府甚至还专门为去外地上学的学生资助了路费。这在中国最贫困地区才会出现。很多时候，即便是在已经得到录取通知书、学费和生活费资助的情况下，贫困地区的学生还常常因为没有钱支付从家到学校的交通费用而失去教育机会。岢岚政府详细统计了全县外出读书的学生姓名、家庭情况和人数。[1] 我们从政府的资料中看到这些数据。这些精细的数据统计背后，是一个贫困县对于代表这

---

　　[1]　2019 年，岢岚县年轻人在外读书者达 2 007 人，其中大学生总数为 1 249 人。见岢岚县文件：《2014—2019 年教育数据》。

个地区未来发展希望的年轻人的特别关注。

除了资助学校教育，政府还举办各种职业培训提升贫困农民的就业技能（见图 4-3）。如果你在县政府文件中看到"人人持证、技能社会"这样的口号，你一定会和我们一样感到印象深刻。在"人人持证"这样的目标之下，每一年岢岚全县参加职业技能培训者达到 2 000 多人次。这个数字几乎达到岢岚县城原有总人口的 1/10。这意味着我们走在大街上，几乎随处可以遇到政府职业培训课程的毕业生，他们都有一张或者几张政府认可的培训课程结业证。这些职业培训能够吸引这么多人参加，是因为它们几乎是免费的。人们可以根据需要选择包括烹饪、缝纫、保育、护林、电子商务、护理、电工等培训工种。这些培训工种让我们联想到在政府的产业规划和社会保障文件中看到过的东西：产业园企业、造林合作社、旅游服务业和提供给重度残疾人的护理补贴。这一切都是政府统一规划设计的一部分。村民和市民参加政府的职业培训，就有机会找到政府规划中的工作岗位。这种培训很难没有吸引力。

对于每年公共财政收入长期不到 2 亿元的岢岚政府来说，在医疗和教育上的投入是一笔巨大的花销。好在多数基础设施方面的投入都是一次性的，并且可以申请国家专

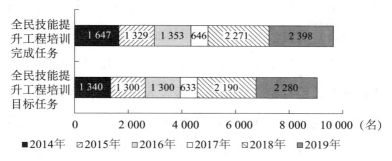

图 4 - 3　2014—2019 年岢岚县全民技能提升工程培训数据

项资金的支持。随着县域内企业的活跃和市场经济的发展，政府的财政收入也会不断增长，这让政府可以合理地扩张债务。

此外，政府还建立了可以长期产出效益的扶贫资产。岢岚和中国北方的许多贫困县一样，加入了国家的"光伏扶贫"工程。岢岚所在的地区海拔高、光照充足，很适合建设太阳能电站。从 2016 年开始，岢岚先后建设了 10 个属于村庄的小型光伏电站，其中 7 个是由多个村庄共享的较大电站，还有 2 个县属的集中式电站。今天，走在岢岚荒芜的山间，不时能看见一大片黑色的太阳能发电板在阳光下发散着光芒，不间断地工作，为当地创造收入。集中式电站的收入由县政府按照每户每年 3 000 元的标准直接发给贫困户。各个村庄所属电站的收入全部进入村庄集体账户。

站在贫困农户的角度上看，依靠这些山沟里突然多出来的科技设备，他们自己的家庭每年增加了 3 000 元的收入，村庄集体账户则增加了大约 2 万元的收入。他们可以参加民主议事会议的讨论，决定村庄的收入怎样惠及自己。一般来说，村庄的光伏收益不再像政府发放的 3 000 元一样对每个家庭平均分配，而是用于村庄的组织活动。村庄内部给卫生、敬老、创业先进者的奖金一般就来自这笔收入。我们还提到过村庄设立了公益岗位。如果一个贫困者在农闲时期不再闲坐或者赌博，而是去帮助村庄清扫街道，或者看守公共停车场，他就会获得村庄公益岗位的工资。这些资金也来自光伏电站。

除此之外，通过优良的政策设计，贫困农户还可以从土地中获得资产性收入，由此多了一份生活保障。中国农村主要有两种土地跟农民的利益息息相关。一种是用于农业生产的耕地，一种是用于建造房屋的宅基地。耕地和宅基地都由村庄集体所有。村庄一般按照家庭人口给本村的居民分配这两种土地。农户家庭因而享有这些土地的使用权。农村土地一般只能作为农民生产和生活的资产，而没有市场交易的价值。除非国家要占用村庄的集体土地——最常见的情况是城市边界扩张——村庄和农民才会因此得到一笔补偿金，或者置换获得城市中的房屋。因而在大城市周边，村庄的土地可能有巨大的潜在经济价值；而在岢岚这样的偏远地区，土地的资产性收益很低。由于中央政府要求保护全国耕地的总数量，各个城市在扩张占用周边农村耕地时受到重重限制。这就构成了一种远程交易的条件。现在，岢岚上千户贫困家庭按照政府的统一规划搬离了山区。村庄的大量宅基地都空出来无人居住。如果把这些土地恢复为耕地，就增加了耕地的总面积，为建设用地腾出了空间。在新的政策设计之下，把这些土地的指标以有偿的方式转让给想在城市周边占用耕地的开发者，就可以为村庄带来一笔收入。此外，许多农户搬迁后不再从事农业劳动。按照新的土地流转政策，他们的耕地也可以由村庄出面租借给需要大片耕地的合作社或者种粮大户。这笔土地的租金也可以每年给贫困农户带来资产性收入。

现在让我们来简单计算一下以上种种经济规划和政策设计落实以后，岢岚一个普通贫困家庭的年收入发生了什么样的变化。首先这个家庭什么都不用做，每年能够获得3 000元的光伏发电收入——这对一般正常劳动的农民来说几乎足够补充生活开支，达到"不愁吃"的最低生活标准了。接下来是他们的劳动收入。像祖祖辈辈一样，他们耕种粮食作物大概平均每年能够获得3 000元。如果他们参加了村庄合作社，生产和销售经济性农产品，每年也许能够分红 10 000 元。再努力一点，申请一个村庄里的公益岗位，每个月约 900 元，一年大概又有 10 000 元。这些收入加起来一年大概有 26 000 元。如果一个贫困户在扶贫搬迁中搬到了县城居住，就不再有上述土地上的收入。他需要在县城的企业中找一份工作，这一般来说比在耕地上的收入高很多。普通人打工年收入一般有 20 000 元。他不再居住在村庄，属于他的宅基地可以通过指标交易带来一笔收入。他的耕地流转出租之后，也许还有几千元的固定收入。此外，不管这个贫困户是居住在村庄还是县城，政府都给他购买了每年价值 3 500 多元的医疗保障，相当于增加了 3 500 元的收入。如果贫困家庭中有孩子的话，每年获得的教育资助大概还有几千元。也就是说，粗略地算下来，岢岚的贫困家庭现在的年收入大概在 30 000 元。

就以这个概算的收入数字为基础来做个对比。

10 年前，岢岚最贫困农民的年收入不到 2 000 元，现在他们的收入增长约 14 倍。

世界银行规定的最低贫困线是每年收入约为 4 500 元。[1]

---

① 2015 年 10 月，世界银行宣布按照购买力平价计算，将国际贫困线标准从此前的每人每天生活支出 1.25 美元上调至 1.9 美元。

岢岚脱贫农民的收入已经远远超过这条贫困线。

如果政府所规划的一切都顺利发生，那么岢岚山区曾经陷入深度贫困的农户家庭就会可持续地脱离贫困。更值得高兴的是，因为大多数收入都是靠他们自己劳动得来的，他们会感到真正的幸福和自信。他们拥有了平等的经济权利和更大的生活自由。但是，这一切要顺利发生，需要有一个好的本地政府。这个政府要足够廉洁，不会贪污掉国家和社会捐赠的、用于教育和医疗的扶贫款项，能够建成和管理好太阳能电站并且不把该反哺村庄的发电收入挪作他用；这个政府还要足够高效，能够吸引工业企业和旅游项目的投资，创造新的工作岗位，通过好的规划让从事农产品加工和流通的企业与乡村农业生产联动起来，带动数百个合作社的发展。这个政府是由本身收入也不算高、受教育水平和大城市相比要落后许多的县乡干部组成的。这样的政府要出现，本身就是优良的政治治理的结果。这种优良的政治治理，就像我们之前在村庄政治中看到的一样，是在政府系统和市场系统中通过精心的政治设计、巧妙推动组织变化来实现的。

第五章

国家网络

1 中央和地方

　　无论是在村庄政治还是县域经济中，治理都是在复杂系统中实现目标。岢岚减贫的背后，还有一个更加巨大的系统，这就是中国的国家治理体系。现在让我们把目光看向岢岚背后的国家。中国是一个超大规模的国家，但不要简单地把中国政府的治理体系想象为一个巨型权力金字塔。实际上中国政府不但在政府结构中推动治理政策，还搭建了丰富的多层次的治理网络。我们要充分理解岢岚减贫中的事实是如何发生的，就需要理解中国的治理网络是怎么运转的。我们前面提到的许多令人难忘的扶贫项目，都是巨大国家级工程的一部分。岢岚减贫治理中所利用的许多资源，其实是对全国性的金融、产业、技术、教育网络的接入。此外，就像我们已经知道的，县域经济链条连接了村庄和农户，我们要进一步看看这个链条是怎么延展到更广阔的国家和世界市场中的。

无论如何，我们应该先从主导治理的国家行政系统开始描述。中央政府是中国公共管理体系的核心。和美国、德国、日本等国家不太一样，中国省一级的政府基本都直接隶属于中央政府垂直管理，再往下的几百个市级地区和超过 2 000 个县级区划，都是这个垂直管理系统的一部分。岢岚就是其中的最小的县之一。在这个垂直管理系统中，每一级地方政府负责在辖区内落实国家的政策。在美国和德国的联邦制度下，解决乡村和社区贫困问题的主要事权不在中央政府。而在中国，解决岢岚和其他地区的贫困问题是中央政府最主要的政策目标之一。中国的这种制度显然既有集中资源办大事的优势，也给中央政府的管理能力带来了巨大挑战。中央政府必须通过垂直行政管理系统让资源、政策和信息实现上下级之间的通畅流动，才能把分散在不同地区的减贫治理事务统筹管理起来。

资金是在政府系统中流动的最重要的资源之一。国内经济发达地区向中央政府缴纳的税金，中央企业向国库上缴的利润等，进入中央财政收入之中。中央政府向经济不发达地区拨付扶贫款项，资金又以财政支出的形式从中央流向地方。中央政府拨付的专项扶贫资金决定性地影响了中国的减贫进程。从 20 世纪 80 年代起，中国政府开始有组织、有计划、大规模地资助农村扶贫开发。1980 年中央政府设立了 5 亿元专项资金支援经济不发达地区的发展。随后这类资金基本保持逐年增长。2001 年后，中央财政专项扶贫资金突破 100 亿元，2010 年突破 200 亿元，2012 年突破 300 亿元。在国家正式宣布脱贫攻坚目标之后，2016—2020 年，中央财政专项扶贫资金更是连续每年新增 200 亿元（见图 5-1）。这笔资金加上各大国有银行及金融机构提供的贴息贷款，成为打赢脱贫攻坚战的"粮草"。为了实现脱贫攻坚战的胜利，中央政府赋予了县一级地方政府统筹使用各级各类扶贫资金的权力。① 县政府可以因地制宜，根据当地所需，将资金用于培育和壮大自身的特色优势产业，比如在村庄发展种植业、养殖业、手工业和乡村旅游业等；也可以用于改善当地基本生产和生活条件，比如支持修建小型公益性生产设施和村庄道路、安装小型农村饮水安全配套设施、施行危房改造和易地扶贫搬迁项目等；还可以用于提高农村扶贫对象的就业和生产能力，比如对农村家

---

① 黄承伟. 中国共产党怎样解决贫困问题. 南昌：江西人民出版社，2020：117-124.

庭劳动力接受职业教育、参加实用技术培训给予补助等。①从这些支出项目中，我们可以发现县域政府各类减贫治理活动的经济来源。

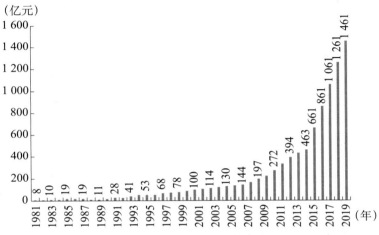

图 5-1　1981—2020 年中央财政专项扶贫资金统计

资料来源：根据《中国扶贫开发年鉴》（1981—2018 年）数据及新闻数据（2019—2020 年）整理。

注：在中央财政专项扶贫资金中，2000 年以前的数据不含扶贫贷款贴息资金、国有贫困农场扶贫资金、国有贫困林场扶贫资金等专项资金，2001 年以后含上述资金。

政策信息也在国家行政管理系统中流动。在减贫治理中，政策可以被看作一种政治信息资源，用以指导工作的

---

① 财政部，发展改革委，国务院扶贫办 . 财政部 发展改革委 国务院扶贫办关于印发《财政专项扶贫资金管理办法》的通知 . （2011 - 11 - 07）. http：//www. gov. cn/gongbao/content/2012/content _ 2131975. htm.

目标和方法。国家的政策文件不但明确规定了哪些事情必须做、哪些事情不能做，还包含了大量原则性、方向性的指示。对于地方政府、企业和村庄来说，"有了政策"就有了行动的蓝图，有时候也获得了自由创造的空间。跟资金一样，政策信息在政府垂直行政管理系统中的流动也是双向的。也就是说，不只是中央在政策上指导地方，地方也可能在政策上启发中央。中央政府经常把地方"试点"经验总结为政策样板，推广到其他地区去。这套信息分享系统要通畅运行，既需要一个有权威和科学决策能力的中央政府，也需要有执行力和创造力的地方政府。由于官僚层级体系容易出现部门本位主义和保守化倾向，就需要一些专门机制来保证整套管理体系的高效运转。下面我们看看中国政府在减贫治理中是通过什么样的政治机制设计来实现资金和政策信息的高效流动的。

在减贫治理中，中央政府建立了统筹多部门、贯通各层级的管理机构（见图5-2）。国务院扶贫开发领导小组是这个体系的核心，负责拟定法规、政策和规划，指导全国的扶贫开发工作，以及协调解决工作中出现的重要问题。在中国的政府体制中，一个被称为"领导小组"的机构往往具备打通政府常设部门甚至连接政府和社会机构的统筹

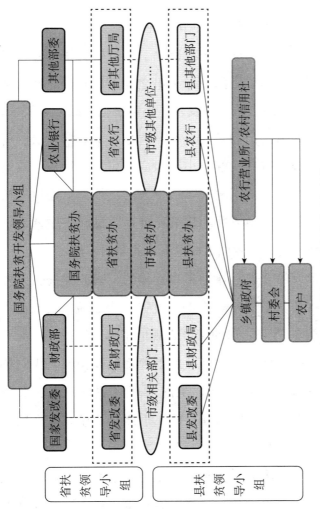

图5-2 中国政府乡村扶贫治理结构

资料来源：中国发展研究基金会. 在发展中消除贫困：中国发展报告2007. 北京：中国发展出版社，2007:
159.

协调功能。国务院扶贫开发领导小组成员单位包含了与扶贫开发相关的几乎全部的职能部门。其中有数十个中央部门，以及全国性的社会组织、国有企业等。

由于省市以下各级政府都设立了相对应的扶贫开发领导小组，所以不同层级的领导小组之间可以直接、畅通地上下联系起来。各级扶贫开发领导小组根据上级政策要求，统筹同级的政府部门和其他机构。这是一个呈榕树状的管理网络。各级扶贫开发领导小组组成了树干，每一级政府部门和相关单位组成了树枝，最重大的决策信息通过"树干"来上下传递，领域性的政策还可以通过同一序列部门的上下联络来传递，就像榕树垂下来的须根一样。

中央政府的政策指导是相当具体的。国务院扶贫开发领导小组将扶贫工作相关事项细分为 15 个领域，我们也将它们列在图 5-3 里，以便读者直观地了解。阅读过前面章节的读者会再次感到其中多数的事项都似曾相识。我们仿佛看到了岢岚村庄和县域发生的治理活动在中央层面的"脚本"。最偏远地区的治理方案几乎全都写在北京管理中枢的政治日程本上。

政策信息在从中央政府向下传递的过程中，各级地方政府需要结合当地的情况，将上级政策"转译"成具有可

图 5 - 3   国务院扶贫开发领导小组 15 个工作领域

资料来源：http://www.cpad.gov.cn/col/col27/index.html.

操作性的"操作文本"。① 我们以"精准扶贫"相关政策文件的下达和转化为例，看看国家蓝图是如何层层向下传递到岢岚并转化为当地政策的。2013 年 11 月，习近平总书记到湖南地区考察时首次作出了"实事求是、因地制宜、分类指导、精准扶贫"的指示。当时对于大部分基层干部来说，"精准扶贫"还只是国家领导人提出的治理理念。2015 年 12 月，山西省扶贫开发领导组印发《山西省扶贫开发建档立卡"回头看"工作指导意见》，根据山西省的实际情况，将"精准扶贫"的主要工作聚焦到"识真贫、真识贫"上，细化"八不进"贫困户识别标准。这样的政策信息继

---

① 吕方，梅琳．"复杂政策"与国家治理：基于国家连片开发扶贫项目的讨论．社会学研究，2017（3）：144 - 168.

续向下传递和"转译"。2016 年 3 月，忻州市开始实施"3659"脱贫攻坚策略①，精准扶贫被拆分成更加细致和明确的任务。通过中央、省、市三级的传导，当"精准扶贫"的政策要求下达到岢岚县时，扶贫目标、上级指示、工作任务、对口资源已经转变为精细具体的工作要求。岢岚县要做的是根据本地实际工作经验打磨出适用县域本地的工作办法。2016 年 6 月，岢岚县总结出脱贫攻坚"4433"工作法，包括"对象识别四步骤""精准管理四清单""精准帮扶三到户""脱贫成效三验收"四部分。对于一般的读者来说，这些具有中国政治特色的、带有许多数字的政策语言具体指什么也许并不重要。重要的是我们从这些数字中可以感受到，上级政府的政策要求到了县级政府已经转变为乡村基层干部可以一条一条对照执行的工作守则。

下级政府并不总是处在被动的执行者的地位。县乡基层政府有时候也会成为政策的发起点。负责"顶层设计"的上级政府远离乡村基层，从一定角度上来说处于信息上

---

① 忻州市制定了"3659"脱贫攻坚策略："三立"，即立志、立业、立状；"六个精准"，即扶贫对象精准、项目安排精准、资金使用精准、措施到户精准、因村派人精准、脱贫成效精准；"五个一批"，即产业开发脱贫一批、易地搬迁脱贫一批、生态补偿脱贫一批、发展教育脱贫一批、政策兜底脱贫一批；"九项工程"，即实施产业扶贫、移民搬迁、基础建设、素质提升、龙头企业、生态扶贫、金融扶贫、政策兜底、基础组织建设等脱贫攻坚工程。

的劣势，因此基层政府有责任向上汇报经验成果，辅助上级决策。岢岚县在落实国家政策、获取国家资源支持的同时，也向上反馈本地减贫治理经验。比如在易地扶贫搬迁工作中，岢岚首创了"庭院式搬迁"，通过回购村民闲置废弃旧宅重新拆建装修，以家庭为单位安置搬迁户，既节约了成本，也打造了具有旅游观赏价值的特色民居。按照其他地区的标准，一个三口人的贫困家庭搬迁补助费为11.68万元，而岢岚县通过用旧建新，每户可以节省2 000元，而且贫困户可以直接入住，不用再自己花钱购买家具。[①] "庭院式搬迁"是岢岚在易地扶贫搬迁中创造出来的成功经验，经过向上汇报、经验分享，岢岚的成功做法普及到更广大地区的实践中。反过来，岢岚村庄所采取的很多扶贫方法和机制设计，也是在其他地区首创后普及运用的结果。

最后，我们还要注意中国政府体系内建立的另一种极为重要的联系机制，那就是各地方政府间的发展合作。近代以来中国的经济发展总是呈现出区域间的不平衡状态。尤其是经过改革开放40多年的快速发展之后，东部沿海地

[①] 吕梦琦. 山西岢岚县："庭院式搬迁"助力精准扶贫．(2017-07-31). http://www.xinhuanet.com/2017-07/31/c_1121408853.htm.

区的经济生活已经开始接近发达国家的水平，聚集了上海、广州、深圳等发达的大城市和一些颇为富裕的乡村。这些地区的面貌是近来到访中国的外国人容易观察到的，也改变了中国的落后形象。可是越往中国广袤大陆的腹地前进，中国越会呈现出一个发展中国家的样貌。因此，让先富裕起来的地区带动其他地区发展，是中国政府长期以来的发展方略。早在 1979 年，中央政府就组织东部六省市对口支援边境地区和少数民族地区。1996 年，国务院扶贫开发领导小组全面部署了东西部扶贫协作。2016 年，为了打赢脱贫攻坚战，中央政府重新调整东西帮扶的结对关系。到今天，这种地区间协作机制已经高度成熟和精细化。地区之间的资金支持、产业合作、劳务协作、人才支援、企业事业单位对口帮扶等机制，构成了一个立体交叉的援助网络。这个横向的治理合作网络之中包含着"织造者"精细的匠心：哪两个地区适合结对，什么样的产业适合落户到连片贫困地区，什么省市和单位适合帮扶少数民族地区，都是科学研究、深思熟虑、总结经验、不断优化的结果。我们介绍过从外地派往岢岚的驻村扶贫者、给村庄爱心超市的物品捐赠，以及对村庄合作社农产品的定点采购等，有一部分就是在跨地区对口扶贫援助机制中实施的。

中国这套跨地区的减贫合作机制可能让人想起国际社会中的"南北合作"。遗憾的是，直到今天北方国家对南方国家的减贫援助仍然缺乏统一的规划，也没有刚性的约束。发达国家愿意为发展中国家提供多少帮助完全取决于自身的政治意图，还常常受到国际政治局势和殖民历史的影响。国家间政治关系不断变化，援助政策也摇摆不定，缺乏稳定性。受援国常常处在被动地位，不得不在维护主权独立和得到外部援助中做出两难的选择。

相比之下，中国这种跨地区的减贫援助可以做到稳定持续而不断进化，起源于减贫领域的跨地区合作机制，甚至成为其他治理领域也可以利用的政治公共产品。比如，在 2008 年汶川大地震和 2020 年的新冠肺炎疫情中，中国就能娴熟地利用跨地区合作经验和现成的制度基础，从全国各地迅速向灾区、疫区进行有序的资源调度，大大加速了战胜灾害、疫情和恢复经济的进程。这种"一方有难，八方支援"的方法看起来简单，但其实具有颇高的制度门槛。即便其他国家的中央政府具备中国政府这样的权威，仅从技术层面来说，在应急状态下要实现高效有序的跨地区合作，恐怕也需要长时间的经验和制度积累才行。

2 伟大工程

跟县域层面一样，中国国家层面的减贫治理活动并不只停留在政府行政体系之内。很多对村庄减贫治理至关重要的全国性公共产品并不只是政府的成就。前一章我们已经介绍了岢岚县域乡村的太阳能电站、造林合作社、扶贫贷款和其他一些保障性的项目。我们描述了这些项目对岢岚村庄减贫所起的作用，但还没有充分说明这些项目本身是怎么运转的。直到现在我们才讲述关于它们的完整故事，因为这些项目是巨大的国家级工程的一部分。它们既不属于一地，也不起源于一时，而是在中国的治理发展中有超过我们想象的悠久历史。

我们在岢岚山区看到的具有现代科技感的太阳能电站，代表着中国长期努力运用新能源以减少乡村贫困问题的新手段。早期中国农村应用新能源技术是为了缓解农户的能源短缺。从 20 世纪 70 年代开始，中国政府就在乡村推广沼气池，将各家的人畜粪便和厨余垃圾发酵为气体燃料，就地取材、废物利用，以减少农民生活开支。与那时相比，现在建立的太阳能电站代表了中国高技术产业的巨大进展。依靠着新兴的光伏制造业，农村地区越来越多地在住房屋顶、农业大棚、荒坡荒滩上铺设太阳能电池板，甚至建立集中的光伏电站。这些电能有的供农户自己使用，有的则出售给城市电网以增加收入。在脱贫攻坚战中，建立太阳能电站成为一项在全国多地广泛实施的扶贫工程。岢岚所建立的光伏电站能连续 20～25 年产生稳定的收益。

新能源电力项目既给贫困地区增加了收入，又促进了减少碳排放目标的实现，看起来是一举多得的好事情。但对世界上那些想和中国一样发展光伏扶贫工程的国家来说，则要先解决以下两个问题。

第一个问题是投资。光伏电站虽然可以带来持续稳定的收益，但电站的建设需要投入一大笔资金，光靠本地政府和农户集资通常难以负担。因而中国的光伏扶贫工程一般采取政府、企业和个人共同投资的模式。为了更好地管理光伏电站运营和收益分配，政府一般会成立专门的国有企业，与相关技术服务企业合作承担电站的运营维护、购置商业保险等工作。

第二个问题是对高质量电网的要求。光伏发电要产生收益，就必须把电出售给电网。这需要电网有能力承载不同地区成千上万台光伏发电设备新增的发电量，并且能在新能源发电所难以避免的电量波动中保持输电网络的韧性。中国的国家电网主要由国有电力企业管理。国有电力企业最主要的目标不是利润，而是保证供电的充足、韧性和可持续性。光伏扶贫主要在中国西部和北部气候合适的乡村开展。这些地区人口稀少、经济贫弱，并不是主要用电市场所在。国有电力企业需要建设强大的输电网络，将西北部地区增发的"绿色电力"输往经济发达、电力紧缺的东部平原地区。

在一些其他国家，由于受限于国家电网的能力，哪怕政府或国际组织设法解决了电站建设投资的问题，光伏电站也没办法帮助当地减少贫困。这让光伏扶贫工程在许多国家处于尴尬的境地。

比如世界最贫困的国家之一马拉维就是这样。马拉维拥有得天独厚的太阳能资源，年平均温度在 20 摄氏度左右。那里理应成为太阳能发电项目发展的沃土。可至今马拉维仍然电力紧缺，全国电气化程度仅有 12％，农村地区的电力覆盖更是只有 4％。这些数字意味着绝大多数马拉维居民至今没有进入工业文明时代。在理想的设计中，马拉维本来可以通过新能源电力工业革命实现跨越式的发展。

早在 2012 年，马拉维政府就颁布了政策，把发展生物能源和光伏产业作为国家战略目标。然而截至 2019 年底，马拉维的新能源项目并网装机量合计仅 35 MW——还没有岢岚的一座光伏电站大。① 最大的障碍就是这个国家过于孱弱的电网。由于居民贫困，买不起电器，也用不起电，因此建设电网无利可图。电网传输能力不足，太阳能电站发出的电就会浪费，不能用于改善居民生活。这构成了一种恶性循环。如果马拉维的光伏电站能够和邻国的电网联通起来，也许能够在更广阔、更富裕的市场中找到盈利空间。但是，马拉维邻国的输电网络同样落后，跨国联网的发展空间非常有限。相比之下，岢岚就比马拉维幸运多了。岢岚的村庄如果能顺利投产太阳能电站，只需要考虑收入分配和设备维护的问题。中国成功的光伏扶贫项目背后是一张强大的国家电力网络在支撑。

除了由成千上万个光伏电站和风能电站所编织起的、无形的绿色电网，在中国北部和西部的广袤土地上还有另一条有形的"绿带"。植树造林是中国另一项延续数十年的伟大工程。本书一开始说明过，长期持续恶化的生态环境

---

① 全球光伏新兴市场需求解析—非洲地区：马拉维．（2020 - 11 - 27）. ht-tps：//guangfu. bjx. com. cn/news/20201127/1118610. shtml.

是中国北部地区贫困的原因之一，而农民摆脱贫困的经济努力又常常破坏草原和山林，加剧了生态的恶化。为了打破这样的循环，中国于1978年启动了被世人誉为"绿色长城"的三北防护林工程，经过数十年努力之后产生了显著的效果。美国国家宇航局于2019年发布的报告显示，中国的植被增量占到过去17年里全球植被总增量的25%以上[1]，而中国的陆地面积只占全球陆地总面积的6.44%。中国依靠主动的努力多植了3倍的树。联合国环境规划署也对这样的奇迹表达了赞叹。[2]

我们可以在地图上找到横贯中国北部和西部的、绵延上千公里的造林地区。这里集中了国家最主要的几个造林工程。这些工程多数已经延续了数十年，至今还在继续。对于居住在这片生态脆弱地区的农民来说，造林工程给他们带来的经济影响是复杂的。其一，农民不能再在法律规定的时间和地域之内随意砍伐树木。这意味着他们不能用最经济的方式取得生活燃料和建造用的木材。不得不说这

---

[1]　NASA Earth Observatory. China and India lead the way in greening. (2019 - 02 - 11). https：//earthobservatory. nasa. gov/images/144540/china-and-india-lead-the-way-in-greening.

[2]　Lessons from China on large-scale landscape restoration. （2019 - 01 - 08）. https：//www. unenvironment. org/news-and-stories/story/lessons-china-large-scale-landscape-restoration.

给农民造成了一定的经济损失。其二，国家有计划地把山坡上低效率的耕地恢复为林区。好的方面是，政府会给退耕还林的农户提供补偿。另一面这会缩小当地农民耕地的面积，也会给他们带来收入上的损失。但从长远来看，农民经济上的牺牲也可以换来经济上的收益。随着森林覆盖率的增加，干旱地区的气候会逐步出现微小但意义重大的变化。数十年来，岢岚地区的降雨量逐渐增加。当地林业局的官员告诉我们，当降雨量超过每年 400 毫米的时候，山坡上的主要林种就能够自然繁荣，植被的种类和生态会出现里程碑式的变化，一场依靠人力挽救的生态恶性循环就会转变为自然发展的生态良性循环。这对当地农民来说，意味着他们在自己的土地上可能收获更多的粮食。而且他们也许不必再像祖辈一样仅仅依靠小米、红芸豆、沙棘等几种耐干旱的经济作物谋生，而是有更多的产品可以选择。因此我们可以大致这样说：造林工程给农民造成了短期的经济损失，其给农民带来的经济价值需要长时间才能感受到。

在脱贫攻坚中，国家需要打破这种反馈模式，通过创新的制度设计让农民在当下就能从造林工程中获得收益。2018 年 1 月中央政府发布了《生态扶贫工作方案》，推广生态扶贫的有效做法。其中能直接惠及贫困户的主要是生态劳务和就业。在岢岚，政府和村庄结合国家的六大林业建设工程，设置了与造林相关的就业岗位，让有劳动能力的贫困人口对村庄闲置的荒坡和村民易地搬迁后空置的土地进行林地修复，让他们成为退耕员、护林员和管理员。国家造林工程款项以劳务费和工资的形式发放给贫困户，根据工作量结算酬劳，多劳多得。2020年岢岚县集体林地统一聘用专职管护人员589名，其中贫困人口护林员434名。护林员劳务工资每人每年9 600元。[1] 贫困户如果能够得到护林员的就业岗位，仅此一项的年收入就超过世界银行设定的中低等收入国家贫困线标准。[2]

政府提供的岗位是有限的，农民组建的造林合作社可以解决更多农民的就业问题。造林实际上是一种专门的农业技术产业，一般贫困农民既缺少技能，也缺乏组织。这催生了造林合作社的出现。造林合作社往往由少数"经济能人"联合一批贫困村民组成，通过合同承包的方式执行国家造林任务，让入伙的贫困户获得劳务收入，并享受资

---

① 见岢岚县文件：《岢岚县生态扶贫情况》。

② 2017年世界银行设立了3档贫困线，分别对应3类国家，其中最不发达国家贫困线为1.9美元/天，下中等收入国家贫困线为3.2美元/天，上中等收入国家贫困线为5.5美元/天。

产性分红。2018 年，岢岚县 74 个造林合作社共承担人工造林任务 8.06 万亩，沙棘林改造 5 万亩。当年共产生劳务费 2 426.9 万元，其中贫困户获得劳务费 2 031.1 万元、户均获得劳务费 11 646 元。2019 年，岢岚县学习借鉴其他县域的经验，将 74 个造林合作社整合组成 30 个合作联社，2020 年又按每乡 1 社原则组建了 12 个造林联合社，再由 12 个联合社的理事长共同成立了有限公司，形成由公司统领联合社、联合社带领成员社^①、成员社带动贫困社员增收的集团性运作。合作社的联合兼并增强了规模效益，也提升了争取项目和银行贷款的能力。这些合作社发展壮大的背后，是植树造林这样的国家级的伟大工程创造出来的机遇。

最后我们来看看国家金融网络是如何支持脱贫攻坚的。金融是全球减贫治理中的一项共通难题。金融企业从其商业本性出发追求风险和收益的适当匹配。金融投资者可能会把资金投入一家尚且不知道如何盈利的互联网企业，因为高风险可能意味着高收益，也可能购买风险和收益都不高的国债，但常常不愿意把钱借给贫困地区的合作社或个人经营者，因为这些投资预期收益少，风险却很大。缺乏

---

① 2020 年按每乡 1 社原则组建 12 个造林联合社之后，原来每个乡的小合作社变成该乡联合社的成员社。

金融的支持，贫困地区的合作社或企业就难以像发达城市里的互联网企业一样快速发展，从而无法在本地产生活跃的市场经济。致力于推动减贫治理的国际组织和各国政府想了许多办法来解决这个问题。比如，世界银行倡导的"微型金融"（microfinance），目标就是为贫困人口提供贷款、储蓄和其他基本金融服务。联合国还鼓励各国建立"普惠金融体系"（inclusive financial system），让金融系统能有效、全方位地为社会所有阶层和群体提供服务。[1] 然而，迄今为止并不是所有国家都真正建立了惠及最贫困群体的金融服务体系。即便是金融业高度发展的发达国家也是如此。

在中国，提供更具包容性的金融服务也是一个挑战。中国的金融活动和多数新兴国家一样充满活力，也蕴藏着风险。金融系统要适应新兴市场经济快速发展的需要，同时还要避免出现过多的泡沫和剧烈的衰退。在经济增长的浪潮中，银行和投资机构有时候过于激进，资金集中扑向贩卖概念的技术公司和泡沫巨大的城市不动产；有时候又过于保守，即使是东部发达地区的中小型制造业企业想要

---

① 李青 . 中国公益金融对连片特困地区扶贫问题及对策研究 . 中国非营利评论，2018（2）：138 - 160.

获得银行贷款都困难重重，更不要说贫困乡村的合作社和
创业农户了。这加剧了经济发展的失衡和风险的积累。为
了防范系统性金融风险，中国政府近年来不断颁布政策，
优化和减轻债务，约束金融机构和投机交易者的高风险行
为。同时，政府也在不断采取措施，鼓励金融机构服务于
小微初创企业、乡村贫困农民和其他弱势市场主体。2014
年 12 月，国务院扶贫办和主要的金融管理部门联合制定了
《关于创新发展扶贫小额信贷的指导意见》，从授信评级、
信贷投放、财政贴息、风险补偿等多方面设计了一系列特
惠政策，为贫困户创业提供专门金融支持。截至 2019 年
底，全国累计发放扶贫小额信贷 6 043 亿元，惠及 1 520 多
万户贫困户。[①] 也就是说，有超过 1 500 万个中国最贫困农
民家庭在几乎没有资产可做抵押、没有充足收入作为信用
证明的情况下，人均获得了近 4 万元的贷款。站在金融机
构的角度，这些借贷当然有成为坏账的风险。中国如何在
控制金融风险和推广普惠性金融服务这两项国家政策目标
中找到平衡点？我们就从岢岚的案例来看看国家金融扶贫
工程实施的细节。

---

① 脱贫攻坚网络展·金融扶贫. http://fpzg.cpad.gov.cn/429463/430986/431004/index.html.

一方面，从普惠金融的角度看，政府规定扶贫贷款的利息不能高于基准利率，以降低贫困农户的偿债压力。县政府还利用省级财政下达的专项扶贫资金，为贫困户补贴了部分利息和保险费用，进一步降低贫困户的贷款成本。另一方面，从控制风险的角度看，政府以财政信用为贫困户的贷款背书。岢岚政府注资 2 600 多万元建立"资金池"，作为农户贷款增信资金和风险补偿金。为了用好这个资金池，岢岚县建立了被称作"4336"的扶贫小额信贷工作机制①，由政府、承贷银行、保险公司对有贷款意愿的企业、农户的信用状况进行联合评估，同时还建立了贷款跟踪机制和追偿机制，对有风险的贷款资金使用及时做出干预。当出现还款逾期时，采取多种方式向借款人追偿，提升借款人履行契约的意识。必要时政府会启动"缓冲金"代偿机制，由县政府的资金池先行出资偿还金融机构贷款，追偿后"缓冲金"再回流资金池，增加信贷资金安全。由于政府背书降低了金融机构的风险压力，合作金融机构就可以根据政府风险补偿金的额度按照 1：8 比例放大贷款规

---

① "4336"扶贫小额信贷工作机制："富民贴息贷、五位一体小额贷、惠农易贷、生态造林扶贫贷"四种模式运行；政府、银行、保险机构三方审查评估；财政、保险、司法三方保障；包村乡干部、第一书记、村干部、帮扶责任人、企业负责人和金融机构信贷人员六位服务。

模，让贷款惠及更多贫困农民。

岢岚县多数的贫困农民可能并不明白写在政府文件中的金融专业词汇是什么意思。对他们来说简单的事实是，如果想要贷款开展经营，就会有政府和金融机构工作人员协助其申请贷款，并且不需要资产抵押，就可以直接最高拿到 5 万元整的专项扶贫贷款。在中国，对农民来说政府比任何市场主体都更有权威。由于有政府的介入，贷款农户会更加清楚这不是一顿"免费的午餐"，而是一次"冒险"的经营。如果借款到期未还，政府会和金融机构一起催还。为了让农户能够经营顺利、如约还款，政府会对农户经营的项目提供指导。村庄的扶贫工作队和第一书记也会帮拿到贷款的农户找项目、做产品、促销售，争取让农户经营好项目，保本还息。

5 万元的贷款对于岢岚地区的贫困农民来说堪称一笔巨款，可能超过他们中的一些人 10 年的可支配收入。这笔巨款可能对一个家庭的收入结构进行再造，其影响波及农民的一生乃至其子孙。我们在调研中看到了许多成功的金融扶贫的案例。例如，岢岚县甘沟村的一个贫困农民遭遇困境：女儿离世，儿媳妇重伤，妻子患癌，自己受伤骨折。这个生活屡遭不幸、劳动力匮乏的家庭，在村干部的带动下想要饲养牲畜来增加收入。帮扶金融机构的工作人员按照县政府的政策为其申请了 5 万元扶贫小额信贷。贷款利息全部由政府补贴，无须抵押。农户买了 3 头牛。每养一头牛政府额外补助 3 000 元。一年内小牛出栏，3 年内不仅能回本，还能创造利润扩大生产。从一笔小额贷款开始，一个家庭从事商业经营，实现让农户拥有经济再造血能力的目标，由此，农户可以偿还借款，积累信用，再次借贷，扩大生产，这就是中国金融扶贫想要达到的理想状态。万千贫困户人生初次尝试"金融冒险"的背后，是国家金融政策和金融网络的支撑。

强韧的国家电网、宏大的造林工程、普惠性的金融网络，不是为岢岚农民脱贫而构建的。但岢岚和中国其他贫困地区的农民在脱离贫困的过程中有机会受益于这些伟大工程。这些工程通过合适的政策设计演变成一张张巨大的经济网络，让偏远地区的村庄和农户能够进入其中，寻找改变生活的机会。

3 公共产品

要理解岢岚脱贫背后的国家力量，我们还要注意一些庞大的网络。它们是中国闻名世界、快速发展的基础设施：道路、通信和互联网。如果岢岚村庄的农民一直过着自给自足的农耕生活，这些网络所构成的连接对他们来说意义有限。他们最多是高速铁路、新一代无线通信网络和互联网服务最边缘的消费者。但是，当县域和村庄建立了新的经济组织和生产经营方式，把村民和村民创办的小企业引入广阔市场，这些网络就会对经济活动的增长产生几何级的放大作用。依靠交通和通信网络的连接，岢岚的企业和农户就可以在开放的市场中获取信息、运送产品和寻求收益，农民的脱贫致富就有了无限的想象空间。

任何人打开地图看到中国的交通运输网，都会为那些蛛网般纵横交错的线路而惊叹。中国高速铁路的运营里程比全世界其他国家加起来还多。在铁路到不了的地方，也会有密集的高速公路和支线道路触及。建设如此巨大的道路网络是因为中国疆域广阔、人口众多，同时也与居民的分布有关。我们可以看一下美国的情况。加利福尼亚州是美国人口最多的州，但其多数居民都居住在太平洋沿岸的城市及其附近地区，内陆山区和干旱地带则人烟稀少，驾车数个小时可能都看不见村庄。中国的城市化还没有达到这样的水平。虽然中国已经出现 10 多个上千万人口的大城市，可是当你走在中国大陆腹地那些如加利福尼亚州东部一样的偏远地带时，仍然随处可见人口密集的城镇和村庄。至今我国仍有数以亿计的人居住在最贫穷地区的大山之中。如果没有道路，他们就始终不能顺畅地连接到大山之外的世界，通过贸易和劳务来摆脱贫困。中国政府在减贫治理中确定的目标之一，就是让所有的村庄都有可以通行的道路。

中国修建交通基础设施的能力就是在这样的国情下形成的。如今，在中国可以找到世界上最壮观的道路、隧道和桥梁。在贫困人口聚集的山区，这些巨大的建造工程要穿过复杂的地形。因此，越是在偏远贫困地区，中国所修建的基础设施越是壮观。世界上最高的桥，前六名都在中国。其中清水河特大桥、鸭池河特大桥、北盘江第一桥在贵州，普立特大桥、塔库金沙江大桥在云南，四渡河特大桥在湖北。这些省份都分布着成片的贫困地区。山区的桥梁矗立于深山幽谷间，那里曾是人力无法挑战的险峻之地。这些桥梁和道路建筑难度大、投入成本高，可是一年的车流量可能也比不上东部大城市交通干道立交桥一天的数字。这些斥巨资修建的伟大工程，在西方媒体上可能被称作

"通往无名之地的桥梁"（a bridge to nowhere）[①]，但在中国国家治理的政治意志驱动下，它们接通的是山区百姓的经济希望。

再一次，岢岚幸运地享受到了国家交通公共产品带来的便利。从岢岚所属的忻州市向西出发，前方蜿蜒的高速公路延伸入苍茫的山峦之间，岢岚县和临近的成片贫困区就在那大山之中。这条沧榆高速是运煤专线，贯穿山西东部和西部，连接河北。在这条路上你经常可以看见运送煤炭的大卡车排着长队行驶、绵延数十公里的奇景。对于山西很多产煤重镇来说，这是一条财富"生命线"。尽管岢岚没有煤炭资源的天然馈赠，但这条高速公路也为岢岚提供了与外界连接的通道。沧榆高速于 2011 年 12 月建成通车。随后几年之内，另外几条高速公路也穿境而过。这些高速公路在岢岚境内交错会合，以至于小小的县城附近竟有 5 个高速公路出口，足以让一个初次到此的外地司机感到迷惑。这些蜿蜒盘旋于山间原野的公路充满钢筋水泥的现代化气息，契入苍茫的黄土大地，似乎标志着现代化力量正势不可挡地要改变这片土地自古以来因地理闭塞而导致的

[①] Talmadge E. China built a bridge to nowhere in North Korea. （2014－11－18）. https：//www. businessinsider. com/china-built-a-bridge-to-nowhere-in-north-korea-2014－11.

贫困基因。

四通八达的道路网络降低了贸易的成本。依托于这些道路，中国建成了领先世界的物流体系。快递行业在中国发展的速度让人惊叹。2020 年全国快递服务业务量累计完成 830 亿件，其中农村地区收投快递件超过 300 亿件。① 网络消费促使我国物流、仓储、配送等方面的管理和技术不断革新，领先世界。2014 年，中国农村的快递服务终端还只能到达县城。贫困山区的农民取寄快递包裹需要前往县城，有时不能当天往返，交通、食宿、误工成本近 200 元，远大于包裹的平均价值。② 脱贫攻坚战开始后，国家加快推进"邮政在乡""快递下乡"，在继续打通乡村路网的同时，积极增设乡村快递网点，实现 11 499 个贫困建制村全部直接通邮。截至 2020 年 8 月底，"快递下乡"覆盖率已达97.7％（见图 5 - 4）。这大大提升了乡村和外界的货运往来。以岢岚县为例，县内快递包裹数量从 2014 年的 77 万件激增到 2020 年的 240 余万件。

高速通信网络同样在最近几年连入了偏远的村庄。2015 年底，国家启动推进农村和偏远地区光纤及 4G 无线

---

① 数据来源于 2021 年 1 月 4 日举行的全国邮政管理工作会议。

② 李静 . 全国人大代表龙献文建议：加快贫困山区快递业发展 . 长沙晚报，2018 - 03 - 14.

图 5 - 4 2014—2020 年 8 月中国"快递下乡"覆盖率

网络的普遍服务试点。试点项目将"宽带到县"往前推进
至"宽带入村",要求宽带网络至少覆盖村委会、学校、卫
生室等主要公共机构,网络接入能力达 12M 以上。2019
年,中共中央办公厅、国务院办公厅印发了《数字乡村发
展战略纲要》,提出到脱贫攻坚战完成之时,全国行政村
4G 覆盖率要超过 98%,农村互联网普及率明显提高。到
2025 年,实现乡村 4G 深化普及、5G 创新应用,城乡"数
字鸿沟"明显缩小。"数字鸿沟"是 1999 年美国国家远程
通信和信息管理局(NTIA)在《在网络中落伍:定义数字
鸿沟》报告中提出的概念,指的是在拥有信息时代工具的
人和那些未曾拥有者之间存在的差距。① 数字鸿沟在互联网

---

① National Telecommunications and Information Administration. Falling through the net:defining the digital divide.(1999 - 07 - 08). https://www.ntia. doc. gov/report/1999/falling-through-net-defining-digital-divide.

时代加剧了经济不平等。消除数字鸿沟已经成为全球减贫治理的重要一环。哪怕在一些欧美发达国家，城市的数字化发展程度也远远高于乡村地区。在国家政治意志的推动下，中国乡村的光纤线路、无线通信基站等通信基础设施建设投入得到了保障，与城市发展水平的差异不大。2019年岢岚实现了互联网宽带覆盖率100％，村民多数持有智能手机，放羊的山坡上也有手机信号，可以在最闭塞的村庄顺利连入网络。贫困农民在数字连接方面拥有了和城市居民同样的基础条件，在智能时代到来的前夜没有输在起跑线上。

交通、物流和高速通信网络，共同构成了贫困乡村发展电子商务的基础条件。村民可以通过网络购买生产资料和生活用品，更重要的是，村庄合作社和贷款开展新经营项目的农户可以利用网络把农产品销售到全国市场乃至国际市场。岢岚的电商扶贫超市在互联网上销售本地农副产品。为了推动电子商务的发展，到2020年岢岚县已建成并运营1个县级电商公共服务中心、12个乡镇服务站、60个村级服务点、63家电商平台企业。此外，岢岚还在省会城市太原组建了岢岚电商中心。政府还对农民开展了专门的电子商务培训。这类培训总能提出让人过目不忘的口号，比如让"数字成为新农资、手机成为新农具、直播成为新农活"。这典型地代表着贫困地区对新经济狂热的激情。岢岚的电子商务发展是中国贫困地区数字经济发展的一个缩影。在互联网、交通、电力、物流和仓储等基础设施建设的推动下，截至 2020 年 6 月底，中国具备条件的乡镇和建制村 100％通了硬化路，贫困村通光纤比例从 2017 年的不足 70％提升到 98％，有 96.6％的乡镇设立了快递服务网点，832 个国家级贫困县全部建立了像岢岚那样的电子商务服务中心，实现了贫困地区县、乡、村三级农村电商管理和物流配送网络全覆盖。① 商务部数据显示，2019 年全国贫困县网络零售额达 2 392 亿元，同比增长 33％，带动贫困地区 500 万农民就业增收。

　　电子商务的发展给贫困地区的农业经济扩展了市场空间，也带来了更强韧性。2020 年的新冠肺炎疫情给中国和世界经济造成了冲击。中国各地的农产品主产区均出现不同程度的产品滞销现象，村庄的合作社经营遇到困难，刚刚脱离贫困的农户面临着"返贫"风险。在危机的倒逼之下，网络经济的力量被用到了极致。其中利用短视频开展

---

① 章文光．电商扶贫：农村脱贫攻坚中的中国智慧．（2020－07－09）．http://cn.chinadaily.com.cn/a/202007/09/WS5f067b1fa310a859d09d6e06.html?from＝groupmessage.

的"带货直播"成为电商扶贫的新模式。明星和网络名人在互联网上向城市居民推荐贫困地区的农产品。这些原本鲜为人知的地方特色农产品经过明星的推荐,既有"现摘现采"的新鲜绿色,又有"原产地直销"的便宜实惠,还有"扶贫助农"的慈善属性,大大激发了城市消费者的购买欲望。一些能说会道的乡村能人和第一书记也用同样的方式在互联网上推广自己村庄的特产。在中国网络消费节日到来的时候,主流媒体在收视率最高的节目中插入了这些"带货直播"的视频广告,一时之间购买扶贫产品成为中国的消费风潮。

当世界上的人们说中国国家能力强大的时候,他们通常指的是中国政府的能力。但在这一章我们看到了中国立体多元的国家网络。政府构建了高效运转的行政管理网络,将制定和部署的国家政策转化为基层政府的管理效能。在国家政策的持续推动下,电力网络、造林工程、金融服务、交通网络、物流体系和互联网服务成为国家治理的重要公共产品。在岢岚贫困村庄减贫舞台的幕后,除了有强大的政府,还有强大的国有电力企业和金融机构、领先世界的建设工程企业、富有创新活力的物流和互联网企业,另外还有那些为政府和企业的决策提供研究支持的科研机构。

正是这些机构共同构建了中国的国家网络。在中国的国家能力迅速提升的几十年中，中国各地还遗留了许多深度贫困地区。但幸运的是，这些地区也有机会从国家网络中获取资源，因地制宜地发挥创造力，寻找追赶式发展的经济机会。每一种国家网络都把中国相对落后的地区和相对发达的地区通过政策和市场合作连接起来，通过财政资金的转移支付、发展经验的分享，通过电力、资本、商品、信息和人力的跨区域流动，把发展落后的地区纳入进来。让一部分地区先富起来，再让先富者带动后富者，这是一条听起来简单明了、容易效仿的发展战略。问题是：怎么让一部分地区先富起来？又怎么实现先富者带动后富者？第一个问题困扰着世界上那些最不发达国家。后一个问题则不同程度地困扰着一些贫富分化日益严重的发达国家和新兴国家。中国已经成功地实现了前一个目标，正在历史性地追求实现后一个目标。在中国实现共同富裕的历史进程中，我们发现国家、县域和村庄通过减贫治理有机地联系起来，揭示出中国政治治理的整体逻辑。这可以为我们研究世界的治理问题带来更有趣的、具有普遍意义的理论发现。

第六章

治理之道

1 为什么中国总是被错判

2021 年 1 月 1 日，《纽约时报》在新年第一天的头版刊登了一篇题为《免费的奶牛？中国对农村贫困发起战争》的文章，称中国为帮助本国最贫困的民众投入了大量的资源和金钱，但这样的做法对于其他发展中国家和联合国来说难以效仿，中国模式不可复制。[①] 就在这篇文章发表不久前的 2020 年 12 月，世界银行中国局局长芮泽（Martin Raiser）在媒体采访中表示，中国减贫工作令全球瞩目。在这一过程中，中国向世界学习了重要经验，同时中国经验也可供世界参考借鉴[②]。显然，这是两种截然相反的观点。

---

① Bradsher K. Free cows? China wages war on rural poverty. The New York times，2021 - 01 - 01.

② 刘丽娜. 专访：中国减贫经验可与世界互学互鉴：访世界银行中国局局长芮泽．（2020 - 12 - 29）. http：//www. gov. cn/xinwen/2020 - 12/29/content_5574975. htm.

当这本书要结尾之际，我们已经熟悉了岢岚脱贫的故事，但是关于中国治理模式的问题恐怕仍然萦绕在读者心中。中国的脱贫攻坚是当代最成功的治理案例之一。如果中国的减贫之路不能复制或者不应被复制，那么这对于世界的减贫治理无疑是一个重大的遗憾。

这涉及我们怎么看待政治与治理的关系。上述《纽约时报》那篇文章的作者显然采用了一种长期流行的政治思维。秉持这种思维的人会用一些刻板的政治逻辑来评价一切治理活动。英国政治学家格里·斯托克在讨论统治（government）和治理（governance）的关系时，使用了一个概念叫作"威斯敏斯特模型"①。他的意思是说，当英国人讨论自己的政治时，总是围绕着威斯敏斯特这个伦敦市中心的一小片国家行政中枢。② 人们的政治思维总是被宏观政治制度所吸引。威斯敏斯特地区的英国国会和其他政府机构组成了国家政治机器，政府部门、政党、利益集团和其他政治主体在国家的政治制度框架下开展权力博弈，推动国家政治机器的运转，而这又进一步定义了政府和民众

---

① 斯托克. 作为理论的治理：五个论点. 华夏风，译. 国际社会科学杂志（中文版），2019（3）：23-32.

② Gamble A. Theories of British politics. Political studies，1990（3）：404-420.

的关系，表现为某种政治价值观，比如民主和自由、威权和专制。在这种思维主导下，所有的国家治理问题都归结于国家政治制度，并可以用政治价值观来进行评判。比如说到英国的经济发展就归结于其民主制度和有限政府理念，以及这背后的政治自由主义价值观。问题是：这种典型的政治思维真的足以解释所有领域的国家治理吗？斯托克的回答是否定的。[1] 国家政治制度和价值观最多只是为具体的治理问题提供了一种分析的背景。仅仅用分析"统治"的方法来理解"治理"限制了我们的思维。

不幸的是，在西方流行的政治思维之下，中国的政治制度被认为是"威斯敏斯特模型"的反面，即中国与采取自由民主制度的英国相反，是一个"威权主义国家"，因而中国的一切国家治理活动就被打上了"威权主义"的标签。[2] 按照这样的观点，减贫就有"民主的减贫"和"威权的减贫"，连抗击新冠肺炎疫情也由此可以分为"自由主义的抗疫"和"威权主义的抗疫"。一些人用一套以国家政治制度为中心的思维把中国的治理和西方国家的治理割裂开来，仿佛它们是两种语言和两种逻辑。这套政治思维就像

---

① Gamble A. Theories of British politics. Political studies，1990（3）：404 - 420.

② Ramo J C. The Beijing consensus. London：Foreign Policy Center，2004.

选美比赛裁判桌上的评分表，仅仅由几个简单的标准组成。当国家政治制度的"模特"从 T 台上走过的时候，她们有的得分高，有的得分低，甚至有的会被政治标准所"淘汰"。不管"模特们"表现怎么样，结果已经预先判定。例如，当《纽约时报》和其他西方媒体尝试用"威权主义"制度来解释中国对新冠肺炎疫情的治理的时候，会宣称"威权主义"在病毒面前是有效的，但它是以牺牲个人自由的方式起作用的，因而值得警惕。① 这听起来是一套百试不爽的陈词滥调。无论如何，按照政治制度评分标准中国都是一个"不及格的模特"。中国的成功治理即便是真实的，也是危险的。

这种在欧洲启蒙运动中由洛克和孟德斯鸠等经典政治哲学家所普及的思维方法，在后来的意识形态对抗历史中被大大强化，影响了几代人的思维方式。但很显然，"威权主义"学说无法充分解释岢岚村庄的脱贫，也无法说明中国因何取得其他一些引人注目的治理成就。近些年来，这种武断的审判已经越来越令想要获得关于中国的真正知识的人感到厌倦。人们会追问，即便用"限制自由"的方式

---

① Huang H. China is also relying on propaganda to tackle the covid-19 crisis. The Washington post，2020‑03‑11. https：//www. washingtonpost. com/politics/2020/03/11/china-is-also-relying-propaganda-tackle-covid-19-crisis/.

可以减少病毒传播，那么如何用"限制自由"的方式让村庄脱贫呢？又如何实现经济长期快速增长呢？考虑到西方政治专制主义在攫取乡村方面臭名昭著的历史记录，以及历史上那些僵化的专制政体普遍出现的经济困境，对中国做类似的政治评价不但脱离了现实，无法真正回答关于中国的问题，反而制造了越来越多的疑惑。

由于不能成功解释中国的治理，西方对中国的外交政策总是处在自以为是和不知所措的钟摆之间。在新中国建立之初，西方对中国的判断和对苏联的判断是相似的。中国固然可以依靠"威权主义"的力量推动工业化快速发展，但这种制度不可能实现可持续的经济增长和普遍富裕，更不要说取得"专属于自由制度"的那些成就：活跃的市场经济、大规模的减贫、技术创新应用、人权的保障和社会平等。"威权国家"的力量是危险的，既威胁到别的国家的安全，实际上最终也会威胁到自身的前途。这种判断使得西方既对中国长期戒备，又不以为然。新中国对西方来说是一个迫切的威胁，但它的未来不足为惧。对付中国"威胁"的办法就是限制对华贸易以及其他形式的往来，以免"威权政府"从社会中攫取资源强大自身力量、延续生命。这就是冷战时期西方各国对中国采取封锁和遏制政策的逻辑。

当中国出现意料之外的市场经济、技术创新和社会发展的时候，遏制政策的逻辑就不可避免地走向失败。冷战结束之后，西方对中国不切实际的恐惧逐渐消退，对自由民主制度的信心开始主导对华政策。20 世纪 90 年代以后的西方战略家相信，私营企业和中产阶层的兴起、教育的发展、国际交往的深化等治理成就既然是自由民主制度所专属的，就必然和中国的"威权主义"制度发生冲突。中国新出现的经济社会因素最终会动摇"威权统治"的基础，让中国走上西方的政治道路。"威权政府"则一定会设法压制社会变革的诉求。因此西方国家应该乐见中国经济和社会的发展，声援中国社会力量对"威权政府"的反抗，积极促成政治巨变的发生。这种认识构成了最近几十年美国和其他一些西方国家对华"接触"政策的逻辑。

由这种思维主导的对华接触政策也没有达到其目标。就在中国开展脱贫攻坚的同一时期，美国国内对接触政策也展开了反思。[①] 中国的发展看起来出乎意料的平稳，甚至解决了深度贫困的问题，而这在美国都还是一个争论不休

---

① Harding H. Has U. S. China policy failed？. The Washington quarterly，2015，38（3）：95 - 122；Bishop B. The failure of America's China policy. Axios，2018 - 02 - 17.

的政治议题。最重要的是中国政治制度没有发生预想中的动摇，反而动摇了美国继续"接触"中国的合法性。一些美国政客甚至宣称，中国欺骗了美国，美国对中国实行接触政策是上了中国的当。① 这在美国掀起了一股要求与中国"脱钩"的声潮，不管是共和党政府还是民主党政府，都宣称要和中国开展战略性的、严肃的竞争。② 中美关系走向何方，成为笼罩在世界上空的阴影。欧洲国家反对和中国走向对抗，但要求和中国竞争的声音也在增加。

问题是：西方政客所宣称的竞争是指什么呢？冷战时期的遏制政策已经失败，在今天更难成功。中国还在继续开放和发展。西方多数企业难以接受和中国市场脱钩的压力，也不认同政客出于政治意识形态对中国国际角色的论断。与此同时，国际组织称赞中国在减贫、气候、环境保护和医疗卫生方面的成就。③ 就连一贯对中国政治制度发动

---

① Pompeo M R. Communist China and the free world's future. （2020 - 07 - 23）. https：//2017—2021. state. gov/communist-china-and-the-free-worlds-future/index. html.

② Wertime D. 'Extreme competition' is now the watchword in U. S. -China relations. （2021 - 02 - 11）. https：//www. politico. com/newsletters/politico-china-watcher/2021/02/11/extreme-competition-is-now-the-watchword-in-us-china-relations-491709.

③ Lessons from China on large-scale landscape restoration. （2019 - 01 - 08）. https：//www. unenvironment. org/news-and-stories/story/lessons-china-large-scale-landscape-restoration.

攻击的西方媒体也承认，在新冠肺炎疫情的大流行中，中国恢复得比多数西方国家都快。① 在国际大变局中，中国看起来更有希望。

这一切都是由中国持续成功的治理所带来的。在中国持续取得的治理成就面前，西方国家的对华政策陷入空前的迷茫。对很多人来说，现在的问题不是中国什么时候如预期那样走向溃败，而是中国的发展和治理为什么会成功，中国治理的成功对世界又意味着什么。如果美国所说的竞争是指同中国的治理和发展竞争的话，是否意味着中国的治理确实有某种成功之道？如果仅仅把中国的成功治理归结为"威权主义"制度的优势的话，那么"治理的竞争"就难免会变成"制度的竞争"。这又会重新回到冷战意识形态对抗图景中去。

西方在中国的治理成功面前陷入迷思，证明当今世界迫切地需要重新思考政治和治理的关系。国家政治制度不是决定国家治理效能的唯一因素。即便不考虑中国问题，这也是一个事实。在同样实行西方式选举制度的国家，有的国家实现了好的治理，有的国家却没有。反过来，治理

---

① Chin J. China's economy continues broad recovery despite Covid-19 surge elsewhere. The wall street journal，2020 - 12 - 15.

却似乎总是影响着民主制度是否行之有效。根据牛津大学研究团队对于发展中国家选举制度的研究，人均年收入在2 700 美元之下的贫穷国家开展选举，反而会让国家更加动荡。[①] 实际上这个收入数字并不是关键。人均年收入只是有效治理的一种结果。在人均年收入排在前列的美国，民主选举制度也无法约束特朗普政府做出不负责任的行为。[②] 事实一再证明，西方理论家把选举制等同于责任制（accountability），这样的理论太过粗陋了。选举制要演变成责任制，需要一个重要的前提，那就是政府治理的绩效能够被选民感受和评估。如果没有治理的改善作为标尺，选民就不知道因何而投票。他们的投票行为不会体现出对负责任政府真正的要求，因为他们太久没有感受到或者从来都不知道良好治理应该是什么样的。因此他们可能接受政客蝇头小利的贿赂，也可能仅仅因为族群归属或者在某件事上的好恶而选边站队。选举制度失败的背后是国家治理的失败。在这一点上，2020 年的美国和发展中世界的"民主失败"

---

① 科利尔. 战争、枪炮与选票. 吴遥，译. 南京：南京大学出版社，2018：21.

② Kessler G，Rizzo S，Kelly M. Trump's false or misleading claims total 30 573 over 4 years. The Washington post，2021 - 01 - 24. https：//www. washingtonpost. com/politics/2021/01/24/trumps-false-or-misleading-claims-total-30573-over-four-years/.

国家是一样的。因而对美国来说弄明白治理如何在政治中实现，不只是为了避免和中国的冷战，也是为了避免美国陷入自己和自己的战争。

对于国际社会来说，跳出"威权主义"刻板印象的陷阱，更清晰地理解中国治理经验也意义重大。联合国正在推动实现《2030年可持续发展议程》。这是国际社会的共同政治承诺。这些目标之所以任重而道远，很大程度是因为国家之间的不协调。很多隔阂是人为造成的。国际社会必须克服人为造成的政治对立，在世界各国推广和实践有效的治理经验。多数国家真正关心的是如何提升本国的治理能力，而不是空泛的政论和"战略竞争"。中国成功脱贫的意义不只再次证明不同的政治制度都有实现成功治理的机会，更由于中国不宣扬自己政治制度的普世性，而为世界各国研究治理的发展留下了更开放的思想空间。

比起关于国家政治制度的理论，我们在这本书中所展现出来的事实更能帮助读者了解中国村庄的减贫。减贫是一个典型的治理问题。以减贫为例我们可以看到治理的共同特征。治理常常聚焦于微观的问题——可能微观到一个村庄、一个组织。治理问题所发生的地方常常远离国家政治机构的中心舞台。许多政府之外的主体参与到治理过程中，它们构成了复杂的互动关系。这些主体的行为受到市场逻辑、社会文化等影响，很难用国家层面的政治逻辑来简单衡量。由于治理问题的这种特性，在像减贫这样的治理研究中，我们时常会感觉到田野调查的笔记比空泛的政治理论分析更有启发——就像这本书所展现的研究风格一样。这并不意味着社会学或者人类学的方法可以替代政治学的研究。不过显然我们需要使用更恰当的政治分析方法来讨论类似减贫、环境保护和经济发展这样的问题。

政治学家已经创造了别的分析方法可供选择。这种分析方法是像斯托克这样的治理理论学者所推崇的。从学术上看，这种分析方法仍然是政治学的，而不是社会学、经济学或者其他学科的。这种理论被西方学者称为"治理理论"，有以下三个主要特征。

首先，治理理论聚焦于政治如何解决某些具体的公共政策问题。自20世纪90年代以来，政治学家开始把"治理"同"统治"区分开来。治理理论讨论的是如何实现好的治理（good governance），即如何建设更好的人类社会，而不是好的统治（good government），即如何建立好的政府。[①] 治理理论不回答政府怎样有效运用权力并符合社会价

---

① 俞可平. 治理与善治. 北京：社会科学文献出版社，2000：5 - 8.

值标准，而关注政府和其他主体怎样有效解决具体治理问题，尤其是在经济发展、减少贫困、环境保护、族群关系和社会平等这样的问题上。

其次，治理理论关注的不仅仅是国家和政府。治理问题产生于具体的社会背景中，因而它总是有多种主体参与进来。正如斯托克所说："治理理论也提请人们注意私营和志愿机构之愈来愈多地提供服务以及参与战略性决策这一事实。过去几乎全然属于政府的若干责任，有许多如今已是和他人分担。"① 我们已经看到，在中国的减贫治理中，政府、企业、扶贫者、村庄、家庭都有各自的目标，也各有实现目标的手段。治理主体之间的区别也不是关键问题。"威权"的政府或者"民主"的政府、国有企业或是私营企业、非洲中部大裂谷地区的村庄或者中国北部干旱山区的村庄，任何一个治理主体自身的属性最多对治理系统造成局部和间接的影响。更直接影响治理的是这些主体如何被动员起来发挥各自的作用，围绕着治理目标形成集体行动。复杂系统中存在"看不见的手"。治理常常发生于一套复杂的系统之中。这导致任何仅仅解释国家、政府和单个行为

---

① 斯托克. 作为理论的治理：五个论点. 华夏风，译. 国际社会科学杂志（中文版），2019（3）：23-32.

体的政治理论，在解释复杂的治理系统时都力不从心。

最后，这种政治分析方法并不只关注政治权力。权力在政治理论中就如货币在经济理论中一样重要。人们对于政治制度的关注，本质上是对于政治权力分配的关注。说到美国政治，人们总喜欢谈论总统候选人的选票、议会中两党议席的变化、政府内阁部长和总统的关系、利益集团对政客的影响，等等。这些现象的背后都是政治权力的博弈，具体来说，是关于各种政治主体如何争夺、掌握和使用政治权力。然而，无论这些围绕政治权力的分析多么有趣，也并不足以帮助人们完整解释美国城市少数族裔社区的贫困问题——哪怕这些贫困社区离美国国会山不过几英里之遥。我们在前面章节呈现的中国村庄的内部政治同样引人入胜，但却很难用政治权力的博弈来解释。村庄的领导者与其说具有某种权力，不如说需要树立权威。这些权威是在村庄活动中树立的，而不是由国家赋予的、由法律规制保障的。任何基层政治都充斥着非正式的权威关系，我们在谈到县乡干部和村庄的关系甚至县域政府内部的关系时，也发现权力和规制并不是无所不能的。政府和市场的关系更是如此。这不是说政治权力在治理中不起作用，而是说仅仅关注政治权力并不能完整地呈现治理活动的政治过程。在多个治理主体的互动关系中，怎样建立权威并构造系统内的组织秩序是更值得关注的问题。

以上就是治理理论的分析视角。它引导我们关注国家机器和政治制度之外的因素。研究治理的学者们已经提出了很多观点，对分析中国治理也有启发。市场原则基础上的投资和经营活动、基础设施建设、对产权的法律保障可以推动增长①，在中国也是这样的。传统社会向现代社会过渡的过程中各国会发生一些相似变化②，其中传媒、教育和社会动员对治理发展的影响③，在中国也可以观察到。当然，萨缪尔·亨廷顿和弗朗西斯·福山关于国家能力和经济发展关系的论述，在中国的发展历史中一定程度上也可以得到印证。④ 很多人把中国的治理描述为不可解释的"异类"，仅仅是因为受到了政治制度决定论的误导。影响中国治理的许多因素是世界各国治理发展中共通的因素。

但是治理理论也存在不足。最明显的问题是：影响治

---

① 罗斯托 . 经济增长理论史：从大卫·休谟至今 . 陈春良，茹玉骢，等译 . 杭州：浙江大学出版社，2016.

② Parsons T. Social systems and the evolution of action theory. New York：Free Press，1977.

③ Deutsch K. Social mobilization and political development. The American political science review，1961，55（3）：493 – 514.

④ 亨廷顿 . 变化社会中的政治秩序 . 王冠华，等译 . 上海：上海人民出版社，2008：60 – 70.

理的多种因素之间是什么关系呢？实际上仅在这个问题上，治理研究者们就陷入了分裂。

多数治理研究者公认，政府是最重要的治理主体。随着现代政治的发展，治理已经成为政府的主要职能。联合国 2030 年可持续发展议程清晰地表明政府而不是其他非政府机构在推动 17 项可持续发展目标中的首要职责。同时，只有向虚弱的发展中国家政府赋能，方能真正解决包括贫困在内的全球治理问题。① 即便是在美国这样的发达国家，面对日益尖锐的社会治理矛盾，呼吁提高国家能力的声音也在上升。② 但这一观点的反对者会提出尖锐的质疑——提高国家能力听起来没有错，但问题是：国家能力是指什么呢？如果是指国家开展政策规划的能力，那么怎么保证这种"有意识的设计"能够适应具体和复杂的治理环境？更何况许多治理问题本身并不在国家能力决定的范围内。比如，在经历过特朗普时代的政治分裂之后，一些美国人可能希望建立一个更团结的国家。但即便美国两党团结起来，也未必能解决继任的民主党政府所热切关心的气候问题。因为气候问题是一个跨越国界的治理问题。许多治理难题

---

① 联合国 2030 年可持续发展议程于 2016 年 1 月 1 日正式启动。

② Fukuyama F. America in decay: the sources of political dysfunction. Foreign affairs, 2014（5）.

都是在国家能力原本就力不能及的地方出现的，有的是在跨越国界线的全球治理领域，有的是在国家之内最偏远的基层地区。这些地方要么根本就没有政府，要么就天然远离政府权力的中心，"山高皇帝远"，国家权力的影响渐入末端。即便是在中国，村庄的减贫治理也不可能仅仅靠强大的国家能力去实现。中国政府在长期积累治国理政的经验之后，已经深刻认识到国家财政注资、政策规划和法律规制等手段必须和其他主体的行动结合起来，才能在治理上取得效果。在脱贫攻坚中，中国政府一开始就试图在乡村本地建立多主体协调的、由村庄内生动力和市场力量参与驱动的治理模式。

另一些研究者认为企业和市场才是解决治理问题的关键，市场主体的"自发解决"比政府"有意识的设计"更能适应复杂的治理系统。① 从世界各国发展的历史事实看，这种观点似乎有一定的说服力。在包括中国在内的世界上绝大多数国家，市场经济显著地促进了经济增长和生活水平提升。这让市场自由主义一度成为神话。保护私有产权、放松对企业的管制、发展市场经济，是 20 世纪中叶以来许多发展中国家从西方经济学家那里得到的药方。苏联解体

---

① 伊斯特利. 威权政治. 冯宇，邓敏，译. 北京：中信出版社，2016：22.

以后，这也构成了"华盛顿共识"的主要内容。但这种新自由主义的药方并非万能。很多转型国家的经历证明，仅仅依靠私有产权和市场经济无法实现部分经济学家所描绘的美好发展蓝图——即使加上西方式的自由选举制度和法律体系也不行。无论是非洲新兴的前殖民地国家还是东欧的前社会主义国家，剧烈市场化带来的经济增长远低于西方经济学家原本的预估。即便在那些最佳的增长案例中，企业和市场经济发展对深度贫困人群的助益也不大，更不要说解决环境恶化等其他方面的治理难题了。多数国家的发展经历都表明，市场创造了财富，同时也创造了财富的不均，还可能在对财富的追求中破坏自然环境和文化传统。对于生活在岢岚和纽约曼哈顿中北部有色人种聚居的贫困街区的人们来说，市场和商业的逻辑既让一部分人有机会远离故土改变命运，也把留在当地的最弱势群体无情地抛弃。仅仅要求政府"看得见的手"让位于市场"看不见的手"，是不能实现符合人类正义标准的可持续发展和良好治理的。

还有一些人对社会组织和民众团体在治理中的作用抱有热切的期望。一些推崇治理理论的学者认为社会组织可以在"政府失灵"和"市场失灵"的治理领域成为"第三部门"①，其灵活性和专业性可以弥补政府官僚机构的缺陷，而社会组织的志愿精神又可以把发展资源带到企业不愿涉足的地方。然而遗憾的是，公民团体也会出现"志愿失灵"②。实践证明，国际组织和社会团体越是发展壮大，越容易变得像政府一样腐败和低效，或者依附于政府、企业和其他利益集团。另一个问题是，热烈推崇"第三部门"的人常常既不信任政府，也怀疑企业，使得一些社会组织变成抗议性的力量，这对构建多主体协调的治理体系来说有害无益。民众团体甚至并不一定得到民众的信任。多数社会组织都由少数专业精英控制，即便他们完全无私奉献于事业，民众也可能不愿意把公共政策和资源交给非公立机构③，更别说对于发展中国家来说许多强大的社会组织往往还是外国机构了。

治理到底该由谁来实施？又是如何实施的？至今人们对治理理论的核心问题仍然争论不休。一些人甚至认为，治理活动是"实践性"的，而不像国家政治活动一样是"规范性"的，很难予以理论性的描述。像"三权分立"这

---

① 何增科．公民社会与第三部门．北京：社会科学文献出版社，2000：8．

② 同①268-269．

③ 斯托克．作为理论的治理：五个论点．华夏风，译．国际社会科学杂志（中文版），2019（3）：23-32．

样的政治理论之所以让人印象深刻，是因为人们可以根据写在法律和文件中的规则，理解行政机构、司法机构和立法机构的行为。治理理论则不同。为了研究中国村庄的减贫治理，我们也可以寻找和村庄选举相关的法律规定、政策文件和村规民约，但这些文件和相关规制仍然不足以充分解释村庄在减贫治理中呈现的政治发展过程。

诚然，治理的政治活动不是预先由某种制度安排决定的，而是在多主体互动过程中构建的。然而，如果我们承认治理只是一种"实践"，就意味着我们还是不能清晰说明中国脱贫攻坚是如何在政治中实现的。如果不能增强治理理论的系统性和确定性，那么治理理论就始终无法帮助我们揭示出中国减贫治理的成功之道。这也无怪乎许多人至今仍然用"威权主义"理论来评价中国治理了。政治制度分析虽然未必有效，但是它至少清晰明了、让人印象深刻。

为了解决上述理论难题，接下来我们就尝试从对岢岚减贫的分析中总结出一个关于中国减贫治理的理论框架。这个理论框架要回答两个问题：（1）减贫治理的系统是怎么组成的？（2）如何在复杂的治理系统中建立政治秩序，推动各个治理主体形成集体行动？我们希望这个框架具有普遍的理论意义，也就是说它不只代表了中国减贫治理的特点，也有利于理解任何国家和任何领域的治理问题。如果是那样的话，我们就成功地从岢岚的减贫治理中抽象发展出了新的治理理论。

2 复杂的治理系统

现在我们先来回答第一个问题：减贫治理的系统是怎么组成的？学者们一直在争论不同治理主体的作用。我们在岢岚减贫中的发现是：治理主体的互动关系是在国家、县域和村庄三个层次上发生的。围绕着这三个层次，我们在本书中搭建起了分析岢岚减贫治理的基本框架。

想象一下我们在一个化学实验室里，要通过漏斗把溶液放进烧瓶，引起期待的化学反应——显然这里的"化学反应"比喻的就是治理。由于"化学反应"最终在"烧瓶"里发生，因此我们首先要找到"烧瓶"在哪儿。在中国的脱贫攻坚中，村庄就是那个烧瓶。村庄是中国减贫治理的对象，因此村庄政治是我们分析的最基本层面。村庄之上是我们一般说的"地方政治"。县域治理连接了国家和村庄，也连接了政府、企业和市场，就像漏斗的颈部，是一个薄弱又关键的环节。国家处在这个漏斗的最上端，制定"化学实验"的计划并提供了"原料"。在岢岚的减贫治理中，我们看到这三个层次的政治活动是连接在一起的，而不是相互分离的。在实践中，它们共同推动了贫困村庄治理的"化学反应"。这本书的描述从村庄开始，从下往上依次展开。现在我们把三个层次结合起来做一个理论性的总结。按照一般的理论思维习惯，我们从国家开始从上往下进行分析，看看这个多层治理系统是如何运转并联系起来的。既然我们要做的工作是理论抽象，那么接下来我们要尝试分析的就不仅仅是岢岚村庄的减贫治理，而是所有的国家治理系统的共性特点。

在治理系统中，国家运用政治权力发挥主导作用，包括制定各种法律、政策，也包括部署脱贫的方案、推广经验方法、进行考核和评估，等等。我们在岢岚村庄和县域减贫中看到的多数政策，包括"两不愁三保障"的脱贫标准、产业扶贫、光伏扶贫、电商扶贫、教育扶贫等，都是全国性的政策，由中央政府以政策规制的形式向全国推行。中央政府运用其政治权力，将相关的政策规定层层向下传达，督促地方政府落实，并据此考核干部。中央政府还会利用自己掌握的财政资源，向基层村庄注入扶贫资金和人力，让国有企业牵头投资建设高速公路、通信网络、电力网络等全国性的公共产品。在中国的减贫治理中，国家往治理体系的"漏斗"里面注入了巨量的资源，既包括有形的物质资源，也包括无形的政策和信息等，以在村庄实现脱贫的"化学反应"。

中央政府的这些措施看起来很容易理解。但背后涉及一个我们已经多次提到的主要争议性问题：国家的政策规划和资源投入能够切合实际、在具体的治理系统中发挥作用吗？为了实现减贫和经济发展，多数发展中国家都曾经聘请国内外顶尖的专家帮助制定规划，并按照精心制定的规划颁布政策、投入资源。世界银行、联合国开发计划署和其他国际组织也做了大量类似的工作。但这些努力常常不如预想中成功，"提前设定的发展项目会导致有些目标定得太低，而有些目标又定得过高"，而且国家的政策和资源注入在实施过程中常常出现大量损耗。因而一些有经验的专家认为，治理问题应该在"非集中化的分散系统"中去寻求解决，也就是说，用"市场和民主反馈找到最经济的解决方案"①。这种关于"看得见的手"和"看不见的手"

---

① 伊斯特利. 威权政治. 冯宇，邓敏，译. 北京：中信出版社，2016：273.

的争议其实本身早已是陈词滥调。但反对者的观点中包含了正确的问题：怎样保证政府规划在具体和复杂的治理系统之中催生出"化学反应"呢？

我们来看看中国脱贫攻坚治理规划的优点。总的来说，面对具体治理系统的复杂性和多样性，政府"看得见的手"要设法带动系统内"看不见的手"发挥作用。政府的目标是推动"化学反应"，也就是说政府要善于调动相关治理主体自主地、共同地发挥作用。这体现在政策规划中，就要把重点放在保障治理手段而不是保障治理结果上。以"两不愁三保障"这个中国政府提出的最主要的脱贫目标为例，它围绕着实现经济权利，而不是达到某种富裕水平。对于贫困户来说，有了"两不愁三保障"并不等于走向富裕，但可以拥有和其他人一样追求富裕的基本条件。我们在第二章的开头已经讲到这一点，现在我们可以提炼出理论性的判断：这种旨在向贫困家庭"赋权"和"赋能"的目标，比简单设置某个收入标准作为政策目标要明智很多。我们在第五章谈到了国家电网、交通和通信网络等基础设施的作用。现在我们也可以得出判断，它们同样都是国家向基层"赋能"的因素，是为乡村的合作社、农户和个人的发展提供更好的条件和更大的空间，而不是替代这些主体的努力。县政府为贫困农户提供的职业培训、驻村扶贫者为贫困户量身定制的脱贫方案，全都体现了类似的思路。政府没有超越也无法超越复杂的治理系统，没有替代也无法替代相关治理主体的自主行为。但政府明智地将政策和资源集中使用到最重要的节点上，为各类治理主体在"非集中化的分散系统"中形成解决方案提供了关键性的支撑条件。

政府"看得见的手"拉起了"看不见的手"，这种能力构成了国家治理能力的重要部分。很多国家都希望更好地在治理中发挥政府作用，问题是：怎样才能让政府成为负责、明智又自制的公共管理者？在这个层面上政治制度分析是有效的。民主制度提供了开放讨论、建言献策、公众监督、信息反馈的机制。培养和选拔专业官员的"贤能政治"同样有用。① 这些因素在中国政治制度中都能看到。不管世界各国的人出于意识形态的不同而怎么评价中国的政治制度，无论如何我们都可以看到政府在中国的政治制度中表现出了开放和灵活的特点，能够制定科学的政策，集中投入资源，并努力通过制度设计把不同的治理主体调动起来一起行动。中国的案例表明，在治理活动中，如果国

---

① 贝淡宁. 贤能政治. 吴万伟，译. 北京：中信出版社，2016：136 - 163.

家能够制定明智的政策、发挥正确的作用，那它应该是越强大越好，而不是越受限越好；它应该与别的主体协调，而不是相互掣肘。那些一味反对政府作用、主张限制政府力量的人，多半不是绝望的贫困社区的受难者。对于岢岚村庄中那些赤贫的居民来说，能够得到政府的支持是非常幸运的。政府的治理能力是整个国家治理系统中的关键因素。

政治制度通过影响政府能力来影响治理的效能，治理反过来也会影响政治制度的运行。无论一个国家的政治制度是什么样的，好的治理都是一个标尺，也是一种催化剂，会促使政治制度不断演进。相反，如果没有治理的不断发展，政治制度就会衰退。民众甚至会把选票投给制造问题的人，而不是解决问题的人，民主也会变成"疯狂民主"（democrazy）[1]。

到了县域层面，治理会进入具体的、复杂的当地环境。县域政府不再像中央政府一样是政策的规划者和资源的提供者，而主要是政策的执行者和资源的转化者。这种角色意味着县域政府要设法构建多主体参与的本地治理系统。

---

[1]　科利尔. 战争、枪炮与选票. 吴遥，译. 南京：南京大学出版社，2018：15.

就连县域政府内部管理的方式也需要和本地化的环境相适应。在全世界的治理中，基层政治的本地化都是一个挑战。国家治理的失败有时候是因为基层政治过度本地化，官员仅仅代表本地利益，让国家的政策成为一纸空文。而另一些时候，国家任命的政府官员又过度脱离基层，试图利用政治权力压制村庄、社区和市场主体，造成激烈的社会冲突和最终的治理失败。在第四章中，我们花了很多笔墨描述怎样在县乡干部的小社会中形成服务于治理的政治动力。总的来说，政治学家们所熟悉的国家政治制度中的许多逻辑在县域基层政治中都已不再直接起作用，就连县域的官僚政治都浸润了地方的文化和社会特点。地方政府的内部管理在技术层面上成为一种政治治理活动。或者也可以说，地方政府内部既有基于政治权力运行的政治管理，也有基于系统内主体关系构建的政治治理。地方官员被动员起来的过程，本身就是本地政治治理的一部分。

为了构建治理的系统，县域政府需要和其他治理主体开展合作。县域政府很难通过政治权力向市场和村庄下达命令。哪怕背靠着国家权力和资源，县域政府在本地治理中也最多是一个主导性的合作者，需要调动企业和村庄的力量，才能有效发挥各类政策和资源的作用。县委书记和县长需要在本地的村庄和干部中树立权威，获得村民和企业的信任，这些不是靠政治权力或者文件指令就可以实现的。

在岢岚脱贫的案例中我们看到，企业在县域层面的治理中发挥直接的经济作用。促进村民就业和收入提升的关键因素是企业，而促进本地企业和市场环境发展的关键因素是县域政府。在县域治理层面上，"看得见的手"和"看不见的手"携起手来，而不是一方替代了另一方。地方政府要通过"看得见的手"推动市场活跃起来，最主要的方法是利用产业规划和公共服务吸引企业投资，扶植乡村合作社的发展。县城的新兴产业优化了城市经济结构，创造了工业和服务业就业机会，让一部分贫困农民有机会脱离收益微薄的农业生产，享有成倍增加的经济收入，同时也享有城镇生活的便利，一举远离了贫困线。在村庄，现代农业加工企业和物流企业进入县域以后，也为村庄分散的小农生产带来新的机会。乡村的农业合作社可以通过与县城的现代农业加工企业合作，开展更有组织性、规模性和市场竞争力的经济活动，让继续从事农业生产的村民显著地提高收入、战胜贫困。

县域政府还需要向村庄经济赋能。村庄属于本地政府辖区的一部分，但村庄和企业一样，实际上是政府的服务对象。地方政府要把国家政策转化为本地化的制度设计，为村庄提供可资利用的经济资源，增强村庄的发展动力。一方面，县域政府在村庄规划和组织农业合作社；另一方面，县域政府也把国家提供的公共产品接入村庄。例如，"光伏扶贫"相关的制度设计就典型地体现了县域政府和村庄所建立的经济合作关系。县域政府利用国家资源建立光伏电站，并成立国有企业；村庄提供建设电站的土地，共同分享电站的收益。县域政府把属于自己的一部分收益返回给村庄，以增强村庄治理的能力。又比如，围绕着植树造林工程，县域政府、村庄的造林合作社和县城的现代农业加工企业之间也建立了合作关系。这都是具有系统性思维的地方经济治理方案。

最后，到了村庄层面，正式的政府机构在村庄之内已经不复存在。国家的脱贫政策、县域政府的制度设计和企业所构成的外部市场条件，最后要通过村庄内部的政治行动才能够发挥预想的作用。如果村民缺乏减贫的意愿和能力，村庄不能形成集体政治行动，国家和县域层面的外部因素就都是隔靴搔痒，全面脱贫的目标将化为泡影。村庄治理需要在村庄内部政治和社会互动中寻求解决方案。为了回应国家的脱贫政策，村庄的民主自治制度被激活了。民主活动强化了村庄政治共同体，也增强了村干部的能力和权威。村庄的文化活动塑造了村民正向的价值观，增强了村民的政治认同感。村民通过经济组织联系起来，激发了勤奋创造的精神。面对减贫治理中的一个个具体问题，村庄的政治机制、文化活动和经济组织既提供了解决方案，也形成了新的组织文化。村庄不再是一盘散沙。无论是在组织层面还是在心理情感层面，村庄都有了形成政治秩序的更坚实基础。

村庄精英在村庄政治秩序的形成过程中发挥了特殊作用。在脱贫攻坚中，村庄内部出现了一个权威领导团体。村干部、驻村扶贫者、经济能人和传统的宗族贤老共同推动具体治理问题的解决，并在解决治理问题的过程中各自强化了自身的地位。尤其是中国共产党派出的扶贫者通过各种方式融入村庄，从村庄的外来者转变成村庄精英的一部分，利用现代化的管理方式、专业知识和外部资源向村庄和村民家庭赋能。

村庄政治的变化打开了"烧杯"的入口，让国家和县域的政策和资源能够最终顺利连接到村庄之中，引发减贫治理的"化学反应"。村民们共同确定了贫困户的名单，让国家精准扶贫的政策有了落实的依据。一些村民申请银行的扶贫贷款，组建了合作社，开始了以前从来不敢想象的商业冒险。村庄利用光伏发电、土地流转和村办企业的收益设置了公益岗位，整理了街道，实现了垃圾分类，期盼迎来旅游业的发展。在村干部和驻村扶贫者的推动下，生态环境最恶劣和最脆弱的村庄完成了整体搬迁。这些都证明国家的扶贫政策在村庄转化为了集体政治行动，县域层面的产业规划和资源配置惠及村民，贫困家庭有了更平等的经济权利，增加了走向富裕的机会，村庄的政治组织、基础设施和社区文化开启了新的发展旅程。

岢岚减贫治理的案例为我们展示了治理系统的完整框架。治理活动是在某个地域或人群中发生的，针对解决具体领域问题的活动。不管治理发生在哪个地方、哪个人群之中，也不管治理活动是为了减少贫困、保护环境还是消弭冲突，它都需要依赖至少三个层次的努力：在宏观层次上，国家（或者国际机构）提供正确有效的政策和外部资源支撑；在中观层次上，地方政府把宏观政策和资源转化为适应当地的环境条件；在微观层次上，相关治理主体在合适的外部条件刺激下构建政治秩序、形成集体政治行动，推动治理目标的实现。这三个层次在中国减贫的案例中就是国家、县域和村庄；在气候变化问题上，就是国家及国际机构、城市、工业及交通系统；在对抗传染疾病的时候，就是国家及国际社会、疫区、医院及社区。与治理相关的政治变化需要在每一个层次上发生，每一个层次都构成了特定的治理系统，需要解决相应的治理问题。由于存在这样的多个层次，政府、企业、社会组织、媒体、专业人士和民众等主体在不同的层次上共同发挥作用，因而治理是在多层复杂系统的联动中实现的。

我们由此可以把国家治理称为复杂的系统性变化（complex systematic change）。成功的国家治理需要把三个层次上的政治变化都统筹考虑起来。中央政府首先要通过国家层面上的政治活动形成正确的政策，并投入足够的、有针对性的治理资源。国际组织在这一点上也是一样。不同的国家有不同的政治制度，因此也有着不同的决策过程。但不管国家的政治制度如何，如果不能提供合适的政策和资源，治理是很难通过"自发的解决"来实现的。

要想形成正确的政策、提供有效的治理资源，国家不能只关注政治制度中的权力博弈，还要关注地方层面和相关领域内由多种主体参与的利益博弈。这种利益博弈可能发生在政府与企业之间、社会团体与利益集团之间、社区的居民与精英之间，等等。政府的制度设计和资源供应需要回应不同主体的利益诉求，调动不同利益主体的积极性，以形成有效的制度设计，促进各个治理主体在系统性的互动中形成解决方案。如果决策者自以为是、一味运用强制性的权力，就会扼杀复杂的治理系统自发解决问题的活力。[①] 中国减贫治理的成功不是通过"威权主义"的权力手段，而是以合理的政治设计形成了系统性的解决方案。

再次强调，政府最重要的作用是促发系统性"化学反应"。多数研究者都认同，政府无法替代市场活动，因为市场是一个许多主体共同决策的复杂系统。同样，任何的治理系统也是多种主体共同决策的复杂系统。政府只是这些复杂系统之内的一个主体。但是，政府在治理活动中的角色非常特殊。它在当代政治中是一切政治治理的最终责任人，人们会把治理不善最终归罪于政府。因而政府在治理活动中面临有限的手段和无限的责任之间的两难。在这种困境之下，政府要最大限度地发挥对治理的作用，只能抓住关键问题。这个关键问题就是为复杂的治理系统赋予政治秩序。

---

① 伊斯特利．威权政治．冯宇，邓敏，译．北京：中信出版社，2016：270 -271.

3　建立治理系统的政治秩序

现在我们进一步看看如何在复杂的治理系统中建立政治秩序。只有回答了这个问题，我们才能找到把治理管理起来的（governance to be governed）政治方法。治理系统的政治秩序，最终体现为治理主体在各个层次上的合作关系。我们可以在中国的减贫治理中发现几种典型的治理主体之间的合作关系。

第一种合作关系是赋能（enabling）。治理系统中各个治理主体所发挥的作用受到它们自身能力的影响。赋能就是弥补治理主体的能力缺陷，让整个系统的治理能力更加平衡。在最理想的状态下，减贫治理既需要强大的国家和政府，也需要强大的企业和市场，还需要强大的民众组织和社会自治。然而多数面临贫困问题的国家，包括一些发达国家在内，常常在其中某些方面存在治理能力的短板。经过数十年的快速发展，中国各类治理主体的力量都有所增长，但治理系统还谈不上平衡和完善。政府的财力和治理经验已经积累起来，但治理现代化水平有待提高，尤其是基层政府的治理能力参差不齐。企业已经在市场竞争中获得巨大的发展，但许多企业还没有能力在更广的范围内承担社会责任。村庄和社区已经有了多年的民主自治经验，但仍然存在组织软弱涣散的问题。城市的民间志愿团体和社区自治也有很大发展空间。

在这种情况下，我们可以观察到各种治理主体在中国的减贫治理过程中相互赋能的现象。例如，驻村扶贫者就向村庄赋能。没有这种外部力量的介入，很难想象中国最贫困村庄的民主制度、经济组织和文化认同能够在短时间内重新焕发出活力。此外，政府也向贫困地区发育不足的市场赋能。通过政府有意识的产业规划，县域和村庄的经济活动才能够集中发挥出比较优势。同样在政府的帮助下，村庄的合作社有了技术和资金参与市场竞争，外来的企业才有投资的信心。反过来，企业也向基层政府赋能。从城镇和乡村的街道清扫、垃圾分类，到管理太阳能电站、完成国家规定的造林任务、建立电子化的数据管理和商务网络，企业通过政府购买服务、公私合作经营等方式加入地方治理之中，帮助政府实现治理目标。在这种情况下，企业利用其在市场前端的高效率弥补了政府在其力量薄弱的基层的低效率。

第二种合作关系是适应（adapting）。在岢岚的减贫治理中，我们多次描述了各个治理主体主动地适应其他治理主体从而实现合作的现象。其中最典型的是政府对于市场规则的适应。县域政府的招商团队为了吸引企业的投资，不但研究和回应企业的经营诉求，甚至主动地在一定程度上同化于企业的文化，以获得企业的信任。负责招商的官员会像企业一样敏感捕捉产业转型的机遇，像扑向市场机会一样扑向重点招商区域，像对待客户一样与目标企业反复沟通。他们以"成本—收益"思维来评估自己的策略。这些都让政府招商团队看起来更像是企业团队。他们甚至连说话和着装都显得"商务"了。当我们在前面的章节描述这些现象的时候，并没有解释它的普遍意义。本质上看，这是县域政府为了让域外企业参与本地发展所采取的一种适应性策略。我们把这种适应行为称为"策略"，并不意味着它是临时性、局部性甚至欺骗性的。实际上县域政府为了招商而做出的组织文化改变是会自我持续的，并会从招商部门向其他政府部门"外溢"，由此从整体上改变地方政府的公共服务文化。如果我们观察中国沿海市场经济发达地区的政府，比如深圳或者苏州的政府，就会发现整个地方政府的公共服务文化都向企业做出了适应性改变。企业改变了政府，背后的根本因素是地方政府吸引企业投资、发展市场经济的决心和能力强。地方政府的政治决心可能取决于中央政府的政治压力。当中央政府把地区的经济增长率或者把贫困家庭的就业和收入可持续增长作为考核地方政府的主要标准时，地方官员会有更大的动力去适应企业。这不是企业的胜利，而是政治管理的成功。

其他让我们印象深刻的适应行为还有对村庄本土文化和组织模式的适应。中国很多地区的贫困村庄在减贫治理中广泛推广了"爱心超市"。围绕着"爱心超市"的一系列设计都体现了地方政府对中国乡村传统组织文化的适应。对多数外国人来说，一个鼓励公共参与和社会贡献的积分兑换制度容易理解，但多少会难以理解"爱家敬老"这样的评比活动。我们已经在第二章中详细介绍了这些设计背后的文化背景。如果没有对本土政治文化的适应，这些设计都可能在村庄基层失效。如果我们在全世界其他寻求治理发展的地区看到现代政治与传统文化同时兴起，也不应该感到惊讶。适应本土文化的设计有助于构建合作性的治理系统。这也说明了世界各地的治理模式为什么具有多样性和地域特征。

第三种合作关系是形成权威（authorizing）。在中文中权威主要指令人信服的威望和影响力，而在英文中常常强调政府当局的权力。我们一直试图把中国治理秩序中的权力和权威分开来描述。西方在描述中国政治的时候往往突出权力。但实际上了解中国的治理系统如何建立权威更有启发意义。[①] 在治理系统中，建立权威不是为了形成对其他主体的权力优势，而是为了建立推动集体行动的政治秩序。权威的形成过程本身就是治理过程的一部分。由于政治秩序是系统内部的公共产品，因此权威的形成可以是各个治理主体自愿合作的结果。缺少精英权威的村庄很难采取集体行动落实国家减贫政策。在县乡政府内部已经有权力秩序的情况下，还相当程度上需要非权力性的权威秩序的补充。县乡干部如果不认可县委书记的权威，他们有很多办法来消极应对上级管理者，逃避强制性规制的约束，更不会主动投入吃力不讨好的村庄扶贫工作之中。在岢岚的减贫治理中，村庄和县域政府建立了有效的政治秩序，不仅依赖于规制性的权力，还依赖于在政治互动中形成的领导者权威。

问题是怎样才能形成权威。总体来看，权威的形成遵循一些普遍的规律，比如权威人物在解决治理问题上展示

---

① 俞可平. 治理与善治. 北京：社会科学文献出版社，2000：218-236.

出专业才干，公正分配利益，治理活动给民众带来获得感，等等。在村庄政治中，利益的分配通过民主协商达成共识，并通过投票的方式确认其合法性。这种成功的民主政治活动会让村民认为村干部能办事、有水平。村民在合作社和公益岗位上获得收入，也会增强其对村干部、驻村扶贫者和经济能人的认可。在县乡政府内部，县委书记和领导班子通过表率作用和公正的奖惩获得普通干部的尊敬。普通干部为整个县域治理的成就感到骄傲，在工作、晋升和培训过程中感受到自我价值的提升，都会强化领导者的权威。

在治理系统中，权威的形成还与系统内的组织文化相关。我们在村庄和县乡干部群体中，都分析过"熟人社会"的作用。在熟人社会文化的影响下，与个人荣誉和声望相关的奖励和惩罚，比如在村民的门前挂上表彰性的牌匾或者公开表扬和批评干部，以及主要领导表现出来的符合公共价值的模范行为，会促进组织文化的重塑和强化。当我们谈论"熟人社会"的时候不应该落脚于一种文化例外主义，认为它只是传统东方文化影响下的乡村基层的特例。小规模熟人社会的治理经验对大规模社区的治理也有启示意义。随着城市化的发展，中国城市社区的治理环境越来越脱离于"熟人社会"。人们生活在以家庭和个人为主体的原子化社区中，群体认同变得多元和碎片化。这其实给政治治理带来了一种挑战：如何在多元化的群体归属和碎片化的文化认同中，强化治理所需要的组织秩序？社会关联是社会治理的基础要素。从治理的角度来看，我们可能需要在新的条件下组成服务于治理目标的"新熟人社会"。居民社区、社会团体、网络上的兴趣组织、政府官员和专业人士的圈子都可以建立更紧密的社会关联。这些新型的"熟人社会"是出于社会治理需要和人民自由意志自发培育的，而不再是由血缘、地域和经济阶层分化所自然形成的。在这种情况下，人类社会发展历史中行之有效的组织手段能够继续在新的历史—社会—文化条件下发挥作用，为治理创造更好的条件。

以上我们探讨了给治理系统赋予政治秩序的方法。最后我们有必要分析一下中国在这方面所具有的独特的制度优势。中国治理的制度特征不是西方所说的政府威权主义，而是来自中国共产党的特殊作用。西方习惯于把中国政府和中国共产党混为一谈，这造成了诸多理解上的障碍。一方面，中国共产党决定着国家的重大政策，掌握着各级官员的任命，是一个典型意义上的国家执政党。但另一方面，中国共产党本身不是政府机构，也不像大多数政党一样仅仅以获取政府统治权力为目标。中国共产党是一个由政治信仰者组成的庞大政治组织。党组织在社会各领域的广泛存在和统一领导，使得它可以在最大限度上管理治理问题、塑造政治秩序。也就是说，中国共产党不但塑造了政治上凝聚的政府，还塑造了政治上凝聚的社会各阶层。中国共产党的政治领导和统合作用对中国的治理来说是一个基础性的因素。

中国共产党可以从社会各领域和地域调动人力资源直接投入治理活动中。我们在第三章看到了中国共产党派出的扶贫者在村庄所发挥的作用。这些扶贫者的素质和奉献精神，不亚于世界上别的志愿团体，其数量则比任何志愿团体都要大。这些扶贫者在村庄的工作方式，多数情况下都不像政府一样依靠法律规制，也不行使政治权力。他们和村庄内部的党组织一起，通过政治活动和公共服务在村民中建立起权威。中国共产党在这个层面上发挥的作用接近于在治理领域活动的社会组织，但由于党还承担着领导责任，就避免了西方社会组织不承担最终政治责任带来的矛盾①。

---

① 斯托克. 作为理论的治理：五个论点. 华夏风，译. 国际社会科学杂志（中文版），2019（3）：23-32. 他提出了五个治理的难题，其中第四个就是政治责任问题。

这为我们带来了一种新的分析视角。20 世纪 90 年代以后，西方爆发了一场所谓的"结社革命"①，在全球治理中，社会组织和公民团体开始扮演重要角色。一些学者提出了公民自治的方案，宣扬"没有政府的治理"（governance without government）。许多信仰公民自治的人，甚至走向了"反国家主义"的极端。但事实证明，社会组织还不能取代政府在治理中的作用，也不具备政府所具有的政治合法性，国际社会组织的活动甚至还引发了国际争议。

在中国，政府层面的治理活动和社会层面的治理活动因中国共产党的性质而统一起来。由于中国共产党既领导着政府，又领导着社会组织，我们可以看到它们之间存在一种自然的协调关系。这种协调关系在中国共产党政治理论逻辑中是自洽的。马克思主义学说并不把所谓威权主义的国家权力放在主要的位置，相反却把政治国家视为一种暂时的、过渡性的政治形态。在列宁的描述里，社会主义制度的国家是"半国家"②，也就是政府统治向共产主义制度下的人民自治转变的一个中间阶段。在这种政治理念指导下，中国共产党领导国家治理的方法不是将政府权力延

---

① 何增科．公民社会与第三部门．北京：社会科学文献出版社，2000：257 - 267.

② 列宁．国家与革命．北京：人民出版社，2015：19.

伸到社会每一个细枝末节，而是通过党的力量建立超越政府管制的、更先进的治理模式，并推动人类政治制度向更高级形态发展。在这个过程中，党本身就是一个强大的治理主体，既实现对政府的领导，又可以直接提供源于社会、用于社会的治理服务。为了推动治理发展，党不但不排斥其他社会治理力量，反而积极培育和引导它们。长期以来，中国主要的群众团体和社会组织多数都是由党培育发展起来的。在中国乡村的减贫治理中，除了我们谈到的驻村工作队和第一书记，我们还可以看到共青团组织派去的青年志愿者、大学生支教团，妇女组织发起的妇女和儿童发展项目，等等。中国共产党和党所领导的群众团体在中国的减贫志愿服务中始终发挥着主力作用。在经济建设中，党还支持发展各类市场主体，以实现生产力的进步和民众生活水平的提升。从这样的角度出发，就能理解中国共产党与社会组织、企业的关系，也才能在理论上说明中国市场经济的发展、解释中国在许多治理领域的成功。相反，西方学者如果总是从"政府对抗社会"的思维定式出发来理解中国共产党的作用，就始终无法说清楚他们的理论和中国发展现实之间的矛盾。

让我们跳出中国制度的特殊性，在人类政治制度发展的视角下做进一步的比较。西方治理学者已经发现国家退后一步，把责任推给私营部门和志愿团体——从广义上说推给公民——这样一种打算。^① 当代西方政治学理论也出现了相应的发展，提出社团主义、多元主义等新的政治学说，认为社会团体和群众自治代表了人类政治制度发展的方向。这些西方理论创新在一定程度上和马克思主义学说对政治制度发展方向的预言是相契合的。问题是在这个漫长的历史转型中，国家如何保证政治秩序的协调性和政治治理的有效性，而社会性的治理力量又如何成长，逐步有能力分担原本由政府才能担负的公共责任。"自由人的联合体"的政治取代政治国家的统治不会一蹴而就。当人们发现企业和公民团体无法真正承担起相应的治理责任，反而带来混乱、分裂和新的腐败的时候，西方学者又开始呼吁重视国家。然而，国家的"退后"如果是某些国家政治—历史—文化条件变化所导致的结果，那么仅仅是重提国家力量就是南辕北辙，并不能解决新时代的治理问题。在美国和其他一些西方国家，宣称国家优先的民粹主义政客不但没有有效解决治理问题，还加剧了政治系统的分裂和失调。当

---

　　① 斯托克.作为理论的治理：五个论点.华夏风，译.国际社会科学杂志（中文版），2019（3）：23-32.

许多国家在"国家优先"和"市民社会"之间徘徊的时候，中国共产党在国家治理中所扮演的角色值得更多关注。在现代治理中，政党应该超越传统上扮演的历史角色，不只是在政治权力的分配和运用方面把政府和民众连接起来，还应该在政府和民众之外发挥直接的治理作用，并把政府治理力量和社会治理力量统合起来。从这个角度出发，未来的政党应该是更高层面上的"第三部门"，利用自身既可以影响政府又可以影响社会的特殊角色，在新型治理中发挥核心作用，并有序地推动政治制度向更先进的形态发展。

以上分析全部基于对中国减贫治理经验的总结。从这些分析看来，政治制度的差异不构成任何实质意义上的治理鸿沟。对于不同国家和国际组织的决策者来说，完全可以自由地基于自身政治制度的基本条件和本地环境，构建复杂的治理系统，在治理系统的不同层面中构建政治秩序，发挥多种治理主体的作用共同实现治理目标。中国的经验还表明，正是在有效的治理中，政治制度获得了不断改进和完善的动力。因此，我们不仅可以从中国的减贫治理中观察中国政治的细节，也可以从中国的治理中观察政治宏观演进的方向。

后　记

　　有写作经验的人常有这样的感受：一本书写完之后，就不属于自己了。书什么时候出版，会摆在哪里出售，读者是谁，在读者眼里是什么样子，总是超出作者的想象。打个比方说，写书如同生养一个孩子，孩子的人生总是自有其轨迹。

　　写过几本书以后，我还有另一种感受，羞与人言。那就是自己的书出版以后，往往不好意思再看。读自己写的书，就如对着镜子审视自己，或者从录音机里听到自己的声音，总觉得尴尬，以至于想要逃避。越是艰苦写作，反复修改，以至于在别人眼里并不会太差的书，越是如此。我不知道别的作者有没有类似的感觉。

　　这本书带给我一种新的体验。我花了超过一年半的时间，停下手头其他的科研工作来完成它。写作花了不到半年，修改超过一年。而调研前后绵延五年之久。直到它完成出版，也没有任何课题、经费和外部任务来驱动我的研究和写作。尽管我在写作过程中不知道多少次面对自己写下的这些文字，但我从来没有产生过前面说到的感觉。相反，每次重读书稿的时候，我常常觉得不是在读自己写的书，而是在读一本图书馆里找到的书——我不认识书的作者，却与他心灵相通，为书中的内容感叹或叫好。出版前审改样书的时候，我甚至有时会自言自语：这真是一本好书。旁边的人好奇地过来看，发现书上居然印着我自己的名字。

感谢这本书给了我一种新的写作体验。它使我感受到一种不知道下次还能不能再次到达，却绝对值得追求的境界。这本书的最终出版完全要归功于中国人民大学出版社。王海龙编辑和他的同事为这本书赋予了专业的出版水准。书修改的过程中，多位师长和朋友提供了关键的建议，给我莫大的鼓励。希望他们读到这里的时候，能再次感受到我真诚的谢意，并感到欣慰。我的学生黄嘉莹、项靖雅、张淼煜帮助审校了书稿和数据。她们和其他一些同事、学生分别和我一起进行了前后多次的田野调查，书中的很多观点是我们在乡野田间的共同讨论中产生的。我们在调研的过程中得到过很多人的理解和帮助，我同样无法一一感谢他们。我只能尽力写好这本书，记录下那些为了改变自己的处境和改变别人的处境而奋斗的中国人的历史。

真正的希望都在细微之处。

周鑫宇

2022 年 4 月

图书在版编目（CIP）数据

中国政治的细节：一个县的减贫治理/周鑫宇著
. -- 北京：中国人民大学出版社，2022.6
ISBN 978-7-300-30485-4

Ⅰ.①中… Ⅱ.①周… Ⅲ.①扶贫-工作-研究-岢
岚县 Ⅳ.①F127.254

中国版本图书馆 CIP 数据核字（2022）第 049879 号

中国政治的细节

一个县的减贫治理

周鑫宇　著

Zhongguo Zhengzhi de Xijie

出版发行	中国人民大学出版社				
社　　址	北京中关村大街 31 号		**邮政编码**	100080	
电　　话	010 - 62511242（总编室）		010 - 62511770（质管部）		
	010 - 82501766（邮购部）		010 - 62514148（门市部）		
	010 - 62515195（发行公司）		010 - 62515275（盗版举报）		
网　　址	http://www.crup.com.cn				
经　　销	新华书店				
印　　刷	涿州市星河印刷有限公司				
规　　格	148 mm×210 mm　32 开本		**版　次**	2022 年 6 月第 1 版	
印　　张	8.875		**印　次**	2024 年 10 月第 7 次印刷	
字　　数	142 000		**定　价**	65.00 元	

版权所有　侵权必究　印装差错　负责调换